成 交

化妆品销售口才训练课

朱坤福◎著

中国财富出版社有限公司

图书在版编目（CIP）数据

成交.化妆品销售口才训练课 / 朱坤福著. —北京: 中国财富出版社有限公司,
2020.9

ISBN 978-7-5047-7212-1

Ⅰ.①成… Ⅱ.①朱… Ⅲ.①销售学②化妆品—销售—口才学
Ⅳ.① F713.3 ② F763

中国版本图书馆 CIP 数据核字 (2020) 第 150162 号

策划编辑 郑晓雯	**责任编辑** 张冬梅　郑晓雯		
责任印制 尚立业	**责任校对** 卓闪闪	**责任发行** 白　昕	

出版发行　中国财富出版社有限公司

社　　址　北京市丰台区南四环西路 188 号 5 区 20 楼　　　　邮政编码　100070

电　　话　010-52227588 转 2098（发行部）　　　　010-52227588 转 321（总编室）
　　　　　010-52227588 转 100（读者服务部）　　　010-52227588 转 305（质检部）

网　　址　http://www.cfpress.com.cn　　　　　　排　版　山东环创传媒有限公司

经　　销　新华书店　　　　　　　　　　　　　　印　刷　阳谷毕升印务有限公司

书　　号　ISBN 978-7-5047-7212-1/F·3190

开　　本　710mm×1000mm　1/16　　　　　　版　次　2020 年 11 月第 1 版

印　　张　15　　　　　　　　　　　　　　　　印　次　2020 年 11 月第 1 次印刷

字　　数　202 千字　　　　　　　　　　　　　定　价　59.00 元

前　言

当前，信息化时代已经到来，很多行业的销售模式逐渐从线下转为线上，但是以体验式销售为主的行业（以化妆品为代表）依然注重门店经营、终端销售。客户选择购买化妆品并不是仅仅通过"看"就能决定，而是要先有一个试用的过程。在这种体验式销售模式下，化妆品门店销售人员就要给客户创造一种温馨、舒适的环境，让客户感觉轻松愉快并有耐心听销售人员对化妆品的讲解，进而促成交易。

常言道，商场如战场。在竞争日趋激烈的化妆品市场环境下，各个品牌化妆品的门店无论是装修风格还是产品摆放都大同小异，但销量上有很大不同。之所以出现这种情况，并不一定是因为某一款产品的效果、质量不行，也不一定是因为包装设计不够吸引人，更多的原因是销售人员在口才与技巧方面的区别。正所谓"没有卖不出去的商品，只有不会销售的人"。想要成为一名优秀的化妆品销售人员，首先要做到对自己所售卖产品的定位、效果、价格等有详细的了解，掌握产品的卖点及其优势。俗话说，快速成单，攻心为上。所谓"攻心"，实则是精准把控客户的内心需求，找到客户的痛点，通过产品介绍、产品体验，在无形之中拉近与客户的距离，打破买与卖之间的壁垒。而且，销售人员在与客户交流的过程中，通常能收集到一些信息，比如客户的购买计划及购买能力等。化妆品的意向客户中女性居多，这就要求销售人员抓住女性肌肤的常见问题进行定向推介，从而促成交易。如果客户对部分化妆品产生了兴趣，在柜台前驻足咨询，销售人员的适时引导能坚定客户购买的信心；如果客户有了明确的需求，销售人员就要尽可能满足，才能促进订单完成。

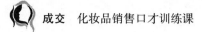

目前，一些化妆品企业为了节省成本，对于化妆品销售人员只进行简单的岗前培训，而不是立足于化妆品销售实践，详细阐述在销售过程中可能遇到的各种问题及解决方法，这就导致一些客户的流失。长此以往，无论是对于销售人员还是对于化妆品企业来说都是得不偿失的。一名优秀的销售人员可以给公司带来巨大的收益，同时其个人也能在销售领域实现自我价值。对于想在众多化妆品销售人员中脱颖而出的人来说，本书不失为一部实用之作。本书针对化妆品销售过程中可能遇到的一些问题，以"实战片段"+"话术避雷区"+"行家如是说"+"销冠特训营"四步结合的模式，将化妆品销售环节中常见的场景一一展现，并根据不同场景提出相应的解决办法和方案，供化妆品销售人员学习，从而帮助他们轻松应对销售过程中出现的各种问题。本书是化妆品销售人员的实战宝典，希望可以帮助他们实现业绩飙升的目标！

朱坤福

2020 年 10 月 28 日于朱氏药业集团总部

目　录

第一章　迎接客户进店攻心话术特训

主动与客户及其同伴接触，拉近双方的距离 …………………… 3

维护客户的自尊心，增加成功交易的可能性 …………………… 5

重视客户手里的宣传单，而不是盲目推荐 …………………… 8

不管有没有客户询问的产品，都尽力将其留住 …………… 10

巧妙转移话题，解决客户对价格的随意询问 …………… 12

利用一切可行方法，留住随便看看的客户 …………… 15

打招呼新老有别，满足回头客的情感需求 …………… 17

提供专业、贴心的服务，赢得特殊客户的信任 …………… 20

关注进店男性客户，其实他们更容易沟通 …………… 22

兼顾所有进店客户，同时为他们提供服务 …………… 24

处理"品种少"的异议，为后续销售作铺垫 …………… 26

不要热情过度，刚刚好是销售的最高境界 …………… 27

第二章　化妆品推介攻心话术特训

营销是一场博弈，我们的王牌就是真诚 …………… 33

结合品牌实际，及时更正客户的错误认识 …………… 35

利用合理陈述，使品牌得到客户肯定和认可 …………… 37

不同情况作不同处理，化解品牌的仿冒嫌疑 …………… 39

从客户特点入手，介绍化妆品的包装特点 …………… 41

把握客户的痛点，解决他们没时间的顾虑 …………… 43

成交 化妆品销售口才训练课

介绍化妆品成分时，强调为皮肤带来的好处 …………… 45

巧妙解释化妆品见效时间，瞬间解决客户疑问 …………… 46

介绍产品功效时应把握尺度，切忌夸夸其谈 …………… 48

强调化妆品的安全性，协助客户放下心头大石 …………… 50

介绍保质期和存放要求，解决客户关心问题 …………… 52

利用交流配方的机会，提高产品的说服力 …………… 55

以自信的态度，回答化妆品国内分装问题 …………… 57

尊重竞争对手，将话题往自家品牌上转移 …………… 60

第三章 引导客户体验攻心话术特训

介绍化妆品的使用方法，增加客户对产品的认识 …………… 65

因势利导，解决化妆品气味不被接受问题 …………… 67

从不同角度入手，引导客户认可眼影的化妆效果 …………… 69

先确保产品适合客户肤质，再让客户体验产品 …………… 71

利用追求个性的心理，增加客户对香水的信赖 …………… 74

将特点转化为使用好处，引导客户体验产品 …………… 75

让客户放下戒备，其才会试用产品 …………… 77

掌握客户的喜好，增加产品被试用的可能 …………… 80

建议客户接受皮肤测试，增加销售成功的概率 …………… 83

运用专业知识，改变对口红掉色的错误认识 …………… 85

分享减肥的困难，引导客户试用减肥产品 …………… 88

先肯定客户观点，再将影响购买的因素排序 …………… 90

掌握销售话术，找到客户认为合适的产品 …………… 92

第四章 发掘客户需求攻心话术特训

先掌握客户购买计划，再进行有针对性的销售 …………… 97

了解客户关注点，分析影响购买的关键因素 …………… 99

客户买多还是买少，主要取决于营销技巧 ……………………… **101**

判断客户的消费能力，推荐价格适当的产品 …………………… **103**

做服务周全的销售人员，别做夸夸其谈的"专家" …………… **106**

如果客户有明确需求，就要尽可能迅速满足 …………………… **108**

通过问询、分析与判断，给客户提供合理的建议 ……………… **110**

向客户说明眼霜功效，满足其眼部护理需求 …………………… **112**

仔细观察并确定客户肤质，再有的放矢地介绍 ………………… **114**

接待恋爱中的女性客户时，要更加关注细节 …………………… **116**

为客户介绍防晒产品，提供专业、亲切的服务 ………………… **118**

适当恭维现代职业女性，是促成交易的有力武器 ……………… **120**

为给妻子买礼物的客户介绍最具价值的产品 …………………… **122**

深入了解代买对象的情况，替客户思考周全 …………………… **124**

确定客户购买时间，引导客户及时完成交易 …………………… **126**

第五章 应对客户拒绝攻心话术特训

既使客户满意自己皮肤状况，也能挖掘销售机会 ……………… **131**

买不起并非不想买，而是希望得到更多的优惠 ………………… **133**

让客户体验到新品牌的好处，说服客户更换品牌 ……………… **135**

国外的月亮不比国内圆，打消客户不买国货的念头 …………… **137**

进口品牌性价比更高，并不是不适合中国人皮肤 ……………… **139**

询问退款并非关注退款，而是关注产品的功效 ………………… **141**

美是需要代价的，只有定期保养才能保持好状态 ……………… **143**

实施差异化销售，巩固客户再次办卡的信心 …………………… **145**

护肤品效果不显著，是由诸多因素造成的 ……………………… **146**

让客户了解产品优势，没有需要也可以创造需要 ……………… **149**

利用产品差异，吸引已有同类产品的客户购买 ………………… **151**

让客户重视产品作用，不再把注意力放在广告上 ·············· *153*

买护肤品为了改善皮肤，客户对产品功效更重视 ·············· *155*

反思自己的做法，与急于离开的客户真诚地交流 ·············· *157*

用真诚的态度说服大龄女士，坚定其保养皮肤的决心 ·········· *159*

第六章　处理客户异议攻心话术特训

客户最关注的不是优惠力度，而是得到足够的尊重 ·········· *163*

如果折扣赠品都想要，说明购买产品意向很强烈 ············ *164*

如果客户质疑特价化妆品质量，必须坦诚相告 ············· *166*

面对货比三家的客户，要以绝对的自信去打动对方 ·········· *168*

客户是离店而去还是改变看法，取决于销售人员 ············ *170*

若客户认为产品不齐全，应协助其找到想要的产品 ·········· *172*

了解同伴表示异议的原因，放大客户中意的产品细节 ········· *174*

强调产品价值，才能让客户产生值得购买的想法 ············ *176*

提升化妆品议价能力，巧妙应对客户的打折要求 ············ *178*

借助权威资料和从众心理，打消客户精油价高的疑虑 ········· *180*

突出服务与附加值，使客户了解化妆品的定价因素 ·········· *182*

第七章　促成交易攻心话术特训

当恐惧大于花费时，客户自然选择保养皮肤 ·············· *187*

只给合理的建议，不要直接替客户做决定 ··············· *188*

客户真正信任销售人员，才能放下担忧 ················ *190*

把握男性客户的购买心理，尽快促成交易 ··············· *192*

别在细节上与客户纠缠，引导其及时完成购买 ············· *194*

当客户难以做出决定，销售人员需要站出来支持他们 ········· *196*

解决客户疑惑，才能使其购买意愿更加强烈 ·············· *198*

客户对比其他产品后再回来，销售人员也要宽容对待 ········· *200*

牢记"内外一致"原则，顺利完成开单和收银 …………… **202**

第八章　售后服务攻心话术特训

将相关联产品介绍给客户，实现再次销售的可能 …………… **207**

锻炼高超的送客能力，为店铺带来更多的客源 …………… **209**

摸清客户的心理，使客户愉快地购物………………… **211**

消除客户防范心理，他们才会心甘情愿留下个人信息 …………… **214**

维护与老客户的关系，适时提出介绍新客户的建议 …………… **216**

先掌握客户调换货的原因，再采取妥当的应对策略 …………… **219**

正确处理化妆品效果问题，才能维护好双方的关系 …………… **221**

针对化妆品过敏投诉，首先要稳定客户的情绪 …………… **224**

遇到客户要求退货时，销售人员应该保持冷静 …………… **227**

第一章
迎接客户进店攻心话术特训

　　迎接客户是店面销售与走访销售的重要区别之一。店面销售时，不是销售人员到处奔波，而是客户主动走进店里。从这个意义上讲，销售人员是主人，客户是客人。销售人员应该像家里来了客人一样热情地欢迎客户，使他们感到轻松、愉快，宾至如归。

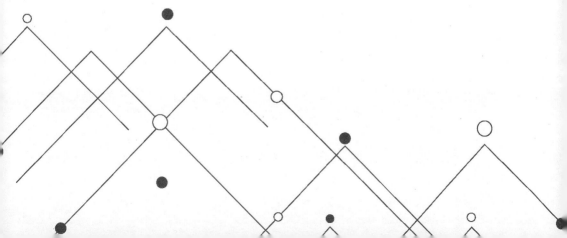

主动与客户及其同伴接触，拉近双方的距离

某化妆品店内，几名销售人员在忙碌着。这时门口出现了一对年轻男女，他们说笑着走了进来。

雷区1："您好，小姐。这款口红是本店刚刚推出的，色号很适合您。"

【点拨】在不了解客户需求的情况下，机械地将产品介绍给客户，或者只关注目标客户，这些做法无形中都会增加销售难度。如果客户是结伴而来的，销售人员仅依靠客户的年龄、衣着和言谈举止等确定目标客户的做法并不合理，不利于下一步的销售行动。

雷区2："请到这边看看，小姐。那边是专门提供客人休息的地方，先生可去那里坐一会儿。"

【点拨】女士在购买过程中常常会听取同伴的建议，因此销售员也应给予男性同伴一定的关注。

雷区3："您二位好般配啊！"

【点拨】如果销售人员无法正确识别进店男女客户的关系，切忌盲目将双方定义为夫妻关系或男女朋友关系，防止判断错误使双方尴尬。

结伴而来的客户多是相互信任的，且关系匪浅，在购买化妆品时他们往往十分重视同伴的建议，而且所有客户都存在消费的可能。因

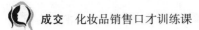

此，销售人员应遵循下面两点去接待结伴进店的客户。

（1）每个消费者都可能会购买本店产品，应一视同仁。

以同样的心态去接待所有结伴而来的客户，让对方得到足够的尊重。如此一来，就能够保证客户的同伴不会认为自己被忽略而为客户提供消极建议。同时，销售人员凭借满腔的热情和优质的服务，可能使本来没有消费欲望的同伴最后也购买本店产品。

（2）把握时机，主动与客户和客户同伴接触，拉近距离。

结伴而来的客户可能正谈笑风生，也可能在分享某一件事的心得，这时候接近他们、向他们介绍产品的难度将大于接待单独进店的客户。在这种情况下，销售人员既要主动上前迎接客户，又不应贸然插话，而是应寻找适当的时机，先恭维对方一番，如"看两位笑得如此灿烂，想必是对今天的购物之行很满意"，这样可以成功地把客户关注的焦点转移到自己身上，并在此背景下适时推荐本店产品。

一流金口才1

销售人员："欢迎光临××品牌店，看二位聊得这么开心，购物果然是放松心情的最佳选择！请问今天有什么要买的?"

攻心策略

若结伴而来的客户神采飞扬，欢声谈笑，销售人员就要通过寒暄的方式主动上前迎接客户，迅速与客户打成一片，得到对方的信任和认可。

一流金口才2

销售人员："欢迎光临××品牌店。请问今天想在店里看看什么呢?您几位的气色真好！好羡慕啊！"

攻心策略

被他人赞美，特别是被他人赞美自己的外表，是许多人乐于接受的。因此，销售人员迎接进店客户时应适当赞美客户。对于结伴而来的客户，应一并对待。这样在满足客户的小小虚荣心之余，又能够轻松促成客户消费。

　一流金口才3

销售人员："欢迎光临××品牌店，请问这次计划买点什么？"

▊▊▊▊ 攻心策略

直接询问客户的购买需求，以明晰消费者的购买目标，便于后续的产品推荐，更快达成交易。

维护客户的自尊心，增加成功交易的可能性

一日午后，一个女孩走进化妆品店里，销售人员迎上去，发现这位女孩脸上长着一些青春痘。

雷区1："欢迎光临本店，请问您需要选购的化妆品是祛痘产品吗？"

【点拨】事实上，每位客户的需求都不尽相同，脸上长痘并不意味着客户的选购目标就是祛痘产品，切记在掌握客户需求以前随便下结论是不正确的。

雷区2："您好，请问您需要帮助吗？"

【点拨】如此俗套的接待方式无法吸引客户的注意，只会得到客户的敷衍。

雷区3："您好，本店有一款专门针对祛痘的产品，效果极好，让我来给您介绍一下吧！"

【点拨】直截了当地向客户介绍产品，不但无法激发客户的购买欲，反而容易让客户心生反感，产生抵触心理。

人都是爱美的。如果一个脸上长痘的客户径直走进化妆品店，反映其存在一定的消费可能。在这种情况下，如果销售人员可以科学引导，就能够激发客户的购买欲并促成交易。

但是客户进店以后，陌生的环境和陌生的人容易使其产生紧张感与不安感，警惕心比较强，加上此类客户由于脸上的青春痘而变得异常敏感，心理承受能力可能较差。若销售人员当面询问客户是否需要祛痘产品，则很容易影响客户的购买热情，使其产生抵触心理并直接离去。所以，销售人员招待脸上长痘的客户时，应小心翼翼地维护其自尊心，注意用词，使其放松心情，才能增加成功交易的可能性。

（1）欢迎式。

利用专业、优质的服务让进店客户体验到无微不至的服务，比如："××品牌店欢迎您的光临！"

（2）问候式。

以"您好、早上好、下午好"等亲切问候，迎接每一位进店客户。

（3）询问式。

利用直接询问掌握客户需求，如"有什么能够为您效劳的吗？""是××（产品）符合您的要求，还是××（产品）？"

（4）推荐式。

对客户情况有一定的了解后，将相应的产品介绍给客户，如"请允许我将××（产品）给您详细介绍一下，好吗？毕竟它具备的×××等功效，能够为您带来诸多好处。"

一流金口才1

销售人员："××品牌店欢迎您的光临！本店按照客户的多元需求，研发了许多功效不一的护肤产品，如祛斑、美白以及抗皱等功效的产品，而且优惠多多。现本店主打祛痘产品，要不让我先详细给您介绍一下它的功效怎么样？"

攻心策略

掌握客户需求最为重要，所以，销售人员要利用介绍产品的过程，从中掌握客户的现实需求，以守为攻，赋予客户一定的选择空间，让客户在轻松愉快的氛围中选购到心仪产品，切忌步步紧逼。

一流金口才2

销售人员："××品牌店欢迎您的光临！请问您对什么护肤品比较感兴趣？"

客户："我脸上长痘了，我想知道你们店效果最好的祛痘产品是哪款？"

销售人员："本店祛痘效果较好的产品有几款，不过我们长痘的原因有一定的差异，必须根据自己的皮肤状况来选择。现在我能为您测试一下皮肤状态吗？是免费的。接着我会向您提几个问题，协助您找到长痘的原因，然后根据分析结果将最匹配的祛痘产品介绍给您，好吗？"

攻心策略

利用精心设计的对话，掌握客户的真正需求，切记不能直接评论客户的皮肤状况。当客户提出选购需求后，第一时间给予回应，利用专业服务使客户的问题得以迎刃而解，这样做既能得到客户认可，又有利于后续销售。

重视客户手里的宣传单，而不是盲目推荐

化妆品店搞促销活动，销售人员在门店外发放化妆品促销宣传单，一位女士接过宣传单后走了进来。

雷区1："欢迎光临本店！您可以随便看看。"

【点拨】 平平无奇的招呼，容易让客户心生失望，毕竟客户是通过宣传单而找到本店的，销售人员应了解这一点，而非直接跳过宣传单的环节，直奔主题。

雷区2："您好，您是被本店宣传广告上的××吸引而来的吗？打算买几盒？"

【点拨】 可能客户仅仅是被宣传广告上的某产品吸引而打算了解一下，而非直接购买。因此，直接询问只会降低客户对该店的好感。

雷区3："您好，您是通过什么渠道拿到这张宣传单的？"

【点拨】 如此直白的询问容易让客户产生被审问的心理，使其深入了解该产品的兴趣骤减。

客户因为宣传单产生继续了解该产品的意愿，但这种意愿容易出现变化，所以销售人员应采取和其他进店客户有别的销售技巧与话术。

（1）对客户行为与本店宣传资料的作用给予肯定。

进店客户手里拿着宣传单，反映了宣传单激发了其进一步了解产

品的欲望，并因此而产生进店的想法。销售人员需要摸清客户的心理需求，先是肯定手拿宣传单进店的客户及宣传单上的产品，主动上前迎接对方，使宣传单上的产品得到进店客户的进一步肯定。要防止由于言谈举止不当而影响客户的购买热情，致使其失去继续了解产品的兴趣。

（2）向客户推荐广告产品。

在得到客户肯定后，销售人员进入产品推广环节。销售人员必须知晓，手拿宣传单进店的客户是被宣传单上的某一产品或优惠内容吸引而来的，此时销售人员应根据宣传单内容，简明扼要地向客户推荐其可能感兴趣的优惠活动或产品，找到二者的共同点，使客户了解现在购买能够享受到优惠价格，并且产品很适合自己使用，而非销售人员盲目推荐。

一流金口才1

销售人员："美女，您太有眼光了！您现在看的这款眼霜就是宣传单上的新产品，主要成分有×××及×××，长期使用的话有利于改善浮肿，淡化细纹和黑眼圈，可以让您的眼睛更加美丽、灵动。这款眼霜与您的肤质也很匹配，您可以考虑一下，或者先体验一下试用装如何？"

攻心策略

销售人员先赞扬客户眼光独到。然后，销售人员简单解释眼霜的作用和成分，突出产品特性，吸引客户深入了解，使客户顺利进入产品体验流程。

一流金口才2

销售人员："抱歉，您手上拿的宣传单并非本店的，这个祛痘霜也并非出自本店。但是，我们店针对祛痘推出了几款新品，您来到这

儿实在太巧了，不如您先看下我们的祛痘产品，总有一款祛痘霜与您的要求一致。"

▌▌▌▌ 攻心策略

销售人员应第一时间把实际情况告知客户，然后巧妙地将本店可能与客户需求相符的产品推荐给客户，耐心为客户解答问题，赋予客户一定的选择空间。总之，销售人员要把握每一个销售机会，哪怕客户是随意进店的。

不管有没有客户询问的产品，都尽力将其留住

 实战片段

一天，一位女士来到化妆品店内，直接向销售人员询问有没有××产品。

 话术避雷区

雷区1："抱歉，我们这里没有您要的那款产品。"

【点拨】简单来说，这等于将进店客户拒之门外了。作为销售人员，应不断开发客户需求，而非直截了当地和客户说"没有"。

雷区2："没有××产品，不过本店有许多其他产品，不知道您有兴趣了解一下吗？"

【点拨】如果说店里产品丰富，那又怎么会没有客户需求的产品？既然客户说要买××产品，就必须在掌握客户需求后介绍与之匹配的产品。

雷区3："您好，本店有这款产品，这个就是，请问您打算现在埋单吗？"

【点拨】如此直白的对话会使客户认为销售人员目的性太强，不

利于交易的完成。

一个出色的销售人员既能够满足客户需求，又能够开发客户需求。如果客户从进店开始就直接咨询某一产品，说明该客户的消费欲望比较强烈。因此，不管店里有没有这款产品，都必须第一时间将客户留住。

若本店有客户咨询的产品，销售人员应引导客户来到摆放该产品的区域，并以推崇的口气肯定客户的选择，然后再进入接下来的介绍、试用等环节。

若本店没有客户咨询的产品，则可按照客户需求推荐功效相近的其他产品，而且在介绍过程中应注意用词。比如，有些客户黑眼圈比较明显，销售人员应先协助客户找到形成黑眼圈的原因，在确定原因以后再将相应的产品介绍给客户。一般情况下，客户体验到销售人员的专业服务后，都会出于信任而购买。

一流金口才1

销售人员："抱歉，本店没有您刚才说的那款眼霜。我看您的黑眼圈有点重，是想淡化黑眼圈吗？"

客户："对的。你也看到了，我的黑眼圈很明显，所以打算买一款能淡化黑眼圈的眼霜。"

销售人员："许多因素都会导致形成黑眼圈，比如不规律的作息、情绪变化大以及用眼过度等。尽管眼霜的确有利于黑眼圈的改善，但是我们在日常生活中也要注意保养，保证休息时间充足、情绪平和，小心用眼过度。刚好本店新推出了一款眼霜，客户反映很好，我先拿来给您试用一下如何？"

■ 攻心策略

销售人员先协助客户找到形成黑眼圈的原因，再将相应的产品介绍给客户，这样容易取得客户的信任，并使其接受销售人员的专业意见。

■ 一流金口才2

销售人员："您太有眼光了！这是本店的明星产品，有着显著的美白效果，而且销量特别好，口碑也很不错。本店现在搞活动，买产品赠试用装一份。"

■ 攻心策略

销售人员对客户的选择表示赞赏，随后，适时解释该产品的畅销程度，顺势引导客户完成交易。

 巧妙转移话题，解决客户对价格的随意询问

 实 战 片 段

某化妆品店内，销售人员都在接待店内的顾客。这时一个年轻女孩走进店里，看着橱窗里一款款精美的化妆品，随意询问着价格。

话 术 避 雷 区

雷区1："您可以看到价钱啊，就在产品前面标着呢，您可以自己看。"

【点拨】这种话语过于无礼，容易让人反感。

雷区2："一套才780元，对于这种限量供应的护肤品来说，这价格已经很亲民了。"

【点拨】从普通客户的角度来说，780元并不便宜。尽管销售人员

——回答了客户的问题，但对客户的消费心理并不重视，可能使客户认为店里产品太贵而放弃购买的想法。

雷区3："一瓶眼霜98元并不贵啊，很便宜了。"

【**点拨**】销售人员以"很便宜"去定位本店产品，却忽略了客户的心理价位和现实需求，容易让客户心生不满，出现抵触情绪。

　　客户询价是所有销售人员在日常工作中都会遇到的，这是客户的习惯性行为之一。有时候客户的购买欲望并不强烈，只是单纯地以询价作为收集产品信息的方式之一，或者以此为决策依据。但是，从销售人员的角度来说，面对客户随意询价，要想做到完美回答并不容易。若将产品价格直接告诉客户，可能因价格超过客户心理承受范围，客户一走了之；若不告诉客户，又可能与销售机会失之交臂。在这种情况下，将价格问题向有利于产品成交的方向转移就很有必要，防止因为产品价格与客户发生争执。具体来说就是"您想进一步了解这款产品，对吗?"若客户表示"对"，则继续将问题往产品与客户需求相符的方向转移；若客户表示"不对"，则利用双方交流掌握客户需求，为其他产品的介绍埋下伏笔。

　　面对询价的客户，销售人员应做到以下几点。

　　（1）直接跳过询价环节，确定产品与客户需求相符后才回答价格问题。

　　（2）自然而然地将价格问题向客户对该产品的印象和满意度上转移。

　　（3）在掌握客户心理价位之后才说出产品售价。

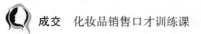

一流金口才1

销售人员："请问您是想了解这款眼霜吗?"

客户："是的,我觉得这款产品挺好的,售价是多少钱?"

销售人员："您眼光太好了。本店的人气王就是这款眼霜。××是主要成分,最大功效就是淡化黑眼圈和眼部细纹,而且味道清香,要不您打开试一下?或者您用手体验一下……感觉很滋润,对不对?这款眼霜容量也不小,足足30克,卖98元一瓶,挺实惠的。"

客户："我就是随便问问,谢谢。"

销售人员："看样子,您是不太喜欢这款眼霜,对吗?要不您和我说说,您对产品价位、效果、品牌或成分的具体要求好吗?我会帮您找到最适合您的眼霜。"

▐▌▌▌ 攻心策略

销售人员介绍客户可能感兴趣的产品,一旦发现客户购买热情较低,则将问题向客户需求方向转移,顺利化解问价难题,而非直接将价格告知客户。

一流金口才2

销售人员："您是对这款彩妆七件套比较感兴趣吗?"

客户："这款彩妆七件套感觉挺好的,多少钱?"

销售人员："这款彩妆七件套是今年限量版,本店刚上的新品。您看,这款包装是知名设计师精心设计的,里面有化妆套刷、气垫BB霜、彩妆78色眼影盘、粉底刷、旋转眉笔以及干湿两用粉扑等各种各样的彩妆产品和工具。这款彩妆组合套装不输几千元的高端化妆品,但是它的售价十分亲民,一套只要480元。您这样的年轻女孩用这款产品特别好,又是限量版,本店仅有8套,赶紧下手吧!"

攻心策略

在掌握客户需求后，首先，肯定客户眼光，激发客户购买欲望；然后，将产品交到客户手上，详细介绍本产品的作用与功效；最后，确定客户的确有购买欲望后，说出产品价格，并以限量发售的形式引导客户迅速完成购买。

利用一切可行方法，留住随便看看的客户

一位女士来到某化妆品店大致转了一圈，粗略地浏览了一些化妆品，便要转身离开。

话术避雷区

雷区1："我给您介绍一下本店几个新品，您看如何？"

【点拨】客户要离开店铺时，销售人员才将新品介绍给客户，能够留下客户的概率较低。

雷区2："慢走，欢迎您下次光临。"

【点拨】客户进店后马上又离开，反映了其对本店产品不感兴趣，印象不深。在这种情况下，客户几乎不会再次光临了。

雷区3："要不您再挑选一下吧，说不定有特别符合您要求的商品呢？"

【点拨】这种挽留客户的手段不但无效，而且有点强迫客户留下的意思。

进店客户随便看看后就离开，说明他们对店里的产品不感兴趣，

没有消费的欲望。因此，当客户浏览本店 2/3 的产品后，销售人员应第一时间与客户交流，因为这是留住客户的最佳时机。否则，没有购买意愿的客户就会迅速离开。

但销售人员不应随便放弃任何一个进店客户。因为他们是提升业绩的重要因素。一旦发现客户产生欲离店的举动，销售人员应迅速利用一切可行的方法将客户留在店里，继续选购产品。

（1）心理上。

懂得所有客户都是来之不易的财富，必须用心接待。

（2）行动上。

通过积极站位将准备离店的客户继续留在本店。

（3）策略上。

通过直接开口法、请教法等留住每一个客户。

（4）情感上。

利用亲切、专业、诚恳的服务态度留住客户。

一流金口才1

销售人员："小姐，您好，我想向您请教一个问题，可以吗?"

客户："您说。"

销售人员："自从您进入本店后，一言不发。我想知道是我们服务出了问题，还是您对我们的商品不满意？请您说出来，让我们积极改正，可以吗？非常感谢！"

攻心策略

利用请教客户的方法将客户留在店内，了解客户离开的原因，并做出调整，提高客户留店率。

一流金口才2

销售人员："哪些产品是您比较感兴趣的？我们在举行十周年店

庆活动，今天是最后一天，这是年度促销活动哦，一年仅有一次，优惠力度大且礼品丰富，既然您来了，何不详细看看有什么适合您的？或者您想了解什么产品直接告诉我，我可以给您介绍一下。这么好的机会，不买就可惜了！"

 攻心策略

销售人员通过最后机会法和利益法激发客户的购买欲望，并继续刺激客户的情感要素，提高客户的消费兴趣，而非直接将产品推荐给客户。

一流金口才3

销售人员："小姐，您好。看您转了一圈，有没有喜欢的？"

客户："没有啊，不知道买点儿什么好。"

销售人员："本店产品丰富、品种齐全，确实容易让人眼花缭乱。不过今天是周末，难得休息，您可以随便看看，也许就看到心仪的商品了，其实像您这样转了一圈才找到心仪商品的客户不少呢。"

 攻心策略

作为销售人员，要先肯定客户的做法，然后引导客户继续挑选。利用话术引导，客户留在店铺继续浏览的概率比较高。

打招呼新老有别，满足回头客的情感需求

 实 战 片 段

李小姐经常在某化妆品店买化妆品，今天她又路过这里，心想：这家店不错，好久没来了，不知道有没有合适的化妆品。于是，李小姐走进了店内。

 话 术 避 雷 区

雷区1："李小姐，欢迎光临！"

【点拨】接待老客户时应表现积极一些，与招呼新客户有一定的差异，否则，就会让老客户产生失望的情绪，导致消费的兴趣大减。

雷区2："好久不见，李小姐，今天有什么想买的吗？"

【点拨】如此直白的招呼，仿佛双方之间只有交易，没有其他，不利于双方关系的巩固。

雷区3："好久不见，李小姐，您先转转，有需要我的地方尽管说。"

【点拨】这种招呼既不够热情，又显得十分随意，容易让老客户产生被冷落的心理。

接待老客户的方式必须和接待新客户有一定的差别，不但要把其当作尊贵的客人，又必须以好朋友的方式去接待他们，只有如此才可以让老客户心里产生一种温情，并自愿留在店内。在满足了老客户的情感需求后，才可以与他们建立稳定、长久的客户关系，并将其培养成店铺的忠实粉丝。

（1）要记住老客户的姓名、皮肤状况、上次购买的产品等相关信息。

若销售人员可以将老客户的需求信息精确地描述出来，就能够让客户产生一种被关注、重视的满足感，进而更加信任这一化妆品品牌及销售人员。

（2）把老客户当成最尊贵的客人对待。

作为不可多得的宝贵资源，老客户应该被销售人员高度关注，使他们得到的服务有别于一般客户。因此，销售人员应当热情招呼每一个进店的老客户。

（3）把老客户当成朋友一样接待。

维护老客户的关系时应将他们当成老朋友般看待，而不是流于表面。在老客户进店以后，不但要与他们热情打招呼，还要主动与他们聊聊天、拉拉家常。只有将他们当成相识已久的老朋友，在获取足够的信息并建立一种亲密关系后，才能够增加日后推荐产品的成功率，便于销售工作的开展。

一流金口才 1

销售人员："您好，李小姐，好久不见！感觉您又变漂亮了！对了，上次您提到的那款产品到货了，现在试一下吗?"

攻心策略

将老客户的名字和第一次消费时提出的问题记下来，可以让客户产生一种被关注的心理，同时适时的赞美能够使客户的购物体验更好。

一流金口才 2

销售人员："欢迎光临，李小姐。许久不见，感觉您更美了，这皮肤水嫩水嫩的，痘痘也没有了！对了，我上次向您介绍的产品用得如何? 这次有什么想买的?"

攻心策略

每一个销售人员都必须记住老客户上次消费的产品、皮肤状况和名字，这一点很重要。销售人员应亲切地与客户如同老朋友一样自然交流，称赞并了解其如今的皮肤情况，增加其对店铺的信任。在产品推荐中，切忌过于急躁，流露出太强的目的性，而是应自然地将话题往新产品上转移。若客户本次没有消费的打算，纯粹是逛逛而已时，销售人员也应继续保持专业、优质的服务，不得表露出失望的情绪。

一流金口才 3

如果销售人员在接待客户 A 的过程中，老客户 B 又来到了店里。此时，销售人员马上向客户 A 说："对不起，我去去就来，"接着，马上大声与客户 B 打招呼："好久不见，很高兴再见到您，李小姐!"然后，又来到客户 B 身边小声说："请您随便看看，我先接待完那位客户，很快就回来!"

 攻心策略

虽然销售人员一直很忙，但并未因此而影响到对老客户的服务质量；利用轻声细语的交流增加与对方的亲密度，更容易得到对方的信任。

提供专业、贴心的服务，赢得特殊客户的信任

在工作中，化妆品销售人员经常需要接待一些"特殊客户"。这里所说的"特殊客户"，指的是老弱病残孕者，他们中有些人没有独立行为能力，但可能会在别人的陪伴下进入化妆品店选购产品。

雷区1："您好，这位大姐，麻烦看好自己的小孩，别让他四处乱跑。"

【点拨】不尊重孩子，其实就是不尊重孩子的家长。

雷区2："来，您腿脚不便，让我扶您一把。"

【点拨】此类客户通常自尊心比较强，如此直白的对话容易伤了对方的自尊。

雷区3："美女，怀孕多久了？看样子应该是个男孩吧？"

【点拨】随意判断客户肚子里的宝宝性别，如果并非客户预期所想，容易影响客户的购物心情。

招呼老弱病残孕客户时，销售人员应利用专业服务、真心赞美和

贴心帮助，得到对方的信任和认可，促成交易。

（1）热情的态度。

销售人员必须具备的基本素养就是热情，哪怕弱势群体进店也应热情招待对方。

（2）适当的赞美。

赞美能够让人身心愉悦，尤其是对于老弱病残孕客户来说，他们更希望得到他人的赞美和认可。所以，在这类客户进店时，销售人员应根据他们的实际情况适当赞美对方，消除双方的隔阂，使他们能够愉快地完成购物。

（3）贴心的帮助。

销售人员应适时为特殊客户提供帮助，如必要时伸手扶一下行动不便的客户；发现客户拿不到商品时，第一时间将商品取下并递给客户；发现客户想要休息，马上将椅子移到其身后……

一流金口才1

（年轻妈妈带着小朋友进店）销售人员："欢迎光临××品牌店。"接着，蹲下来和小朋友平视："小朋友好可爱啊！"

▌▌攻心策略

对于家长来说，自己的孩子得到夸奖是一件很开心的事情。如此一来，就能够拉近双方的距离，有利于双方交流。

一流金口才2

（老人进店）销售人员："欢迎光临！您的气色真让我们羡慕啊。地板刚擦过，小心地滑。您准备看看什么？我给您找找看。"

▌▌攻心策略

接待进店老人时应以"身体好""气色好"等字眼赞美他们，并在适当时候利用人性化关怀打动他们。

一流金口才 3

（病残人士进店，主动上前帮助）销售人员："欢迎光临××品牌店。打算买点什么？我可以给您推荐。"

 攻心策略

对于进店的病残客户，语言上应尽可能避开病残这一话题，防止触及客户心事；行动上应主动帮助对方，争取对方的信任。

一流金口才 4

（孕妇进店）销售人员："欢迎光临！大家常说怀孕的女人最美，这话真是太对了。您想了解什么产品？我可以给您介绍一下。"

 攻心策略

衷心地赞美怀孕客户，能够让对方更愉悦。此外，销售人员发现客户想了解某一产品时，应第一时间帮助对方，既防止孕妇由于行动不便而发生意外，也使其体验到本店的贴心服务。

关注进店男性客户，其实他们更容易沟通

一天，一位男士走进一家化妆品专卖店。

雷区 1：置之不理。

【点拨】由于化妆品店铺以女性化妆品为主，销售人员如果因此而忽略男性客户，说明其不具备专业素养。

雷区 2："欢迎光临！"

【点拨】只道欢迎的应付式接待容易让男性客户以为自己被销售人员冷落。

雷区3："您好，欢迎光临！本店没有男性化妆品，很抱歉。"

【点拨】在不了解男性客户购物需求的前提下，马上向对方说明本店没有男性化妆品的做法，既有拒人于门外的意思，又显得销售人员自作聪明，难免使对方产生抵触情绪。

男性客户进店一般既有一定的目的性，又不太能够确定自己的需求。所以，销售人员接待此类客户时，应谨慎、细致，提供优质的服务。事实上，大部分男性客户更容易接近、沟通，也尊重销售人员的专业性，在购买产品方面通常较果断。因此，销售人员应关注此类客户，而不是忽视他们。

（1）主动接待，并提供专业服务。

作为销售人员，应主动接待所有进店客户。从男性客户的角度来说，他们虽然有购买愿望，但是通常不确定购买哪些产品。因此，销售人员需要主动上前，了解对方买化妆品是自用还是送人，然后结合客户情况为其详细介绍产品，以专业的姿态协助客户迅速完成购买行为。

（2）珍惜每一个介绍产品的机会。

若男性客户是为自己购买化妆品，但店铺并没有此类产品时，销售人员应把握每一个潜在的销售机遇，适时将女性化妆品介绍给对方，引导对方以"惊喜"的方式购买女性化妆品并赠予身边有需要的人。

一流金口才

销售人员："欢迎光临××品牌店，先生，请问您是买给自己，还是买来送给朋友呢？"

攻心策略

以热情的服务打动客户并掌握客户的购买意图。正常情况下,他们会主动配合销售人员,告知对方自己的需求。然后,销售人员应引导他们前往产品陈列区。若是客户自用,则应按照他们的肤质详细介绍产品;若客户明确指出是为别人买的,则应在了解使用者的皮肤特点后推荐相应的化妆品。

兼顾所有进店客户,同时为他们提供服务

实 战 片 段

正值营业高峰时段,某化妆品店生意红火,销售人员都在忙着接待客户。这时,又有一位女士走进店内。

话 术 避 雷 区

雷区1:"欢迎光临"或"请随便看看"。

【点拨】热情不足,给人一种应付的感觉。

雷区2:一语不发,冷落对方。

【点拨】哪怕忙着招呼客户,也要照顾到新进店客户的情绪,避免错失有购买意愿的客户。

雷区3:"欢迎光临,麻烦您稍等一会儿,我现在有点忙。"

【点拨】销售人员缺乏服务意识,忽略了客户的感受,客户不会因为销售人员忙而乖乖在原地等待。

雷区4:"您好,我来了,这款是您看中的产品,售价180元。"

【点拨】忽略了客户感受,直接推荐产品,而且直接将价格告知对方,几乎不可能成交。

在接待客户期间，又有新客户进店了。在这种情况下要同时为多位客户提供服务并不容易，不过掌握一定的技巧，就变得简单多了。

（1）热情招呼新进店客户。

进店客户只关注销售人员对自己的态度，而不关注销售人员当时忙不忙。若客户认为自己被冷落，则会认为店里服务质量差，可能会因此打消购买的念头。因此，面对进店的新客户，销售人员即使再忙也要热情招呼，避免顾此失彼。

（2）不要冷落自己正在接待的客户。

为了接待新客户而冷落自己正在接待的客户的做法是不正确的，销售人员应向其解释清楚，然后接待新客户，并保证及时回到原来的客户身边。

（3）尽量使用礼貌用语，取得客户的理解。

真诚地向等待的客户道歉，并感谢积极配合的客户。只有如此，才可以安抚客户的不悦情绪，并得到支持和认可。

销冠特训营

一流金口才

销售人员对先进店的客户Ａ说："抱歉，麻烦您稍等片刻，我去去就来。"接着与后进店的客户Ｂ热情打招呼："欢迎光临！您先随意看看，看中什么或有什么不明白的地方请叫我，我马上就来为您服务。"然后，再转过来对客户Ａ说："不好意思，让您久等了。"

▌▌▌▌攻心策略

只有兼顾到所有进店客户，并为他们提供专业、贴心、优质的服务，才能给他们留下深刻的印象。

处理"品种少"的异议，为后续销售作铺垫

一位女士在某化妆品店看了一圈，跟销售人员交流了一下，最后说："你们店的化妆品品种太少了。"

雷区1："您好，尽管我们的化妆品品种不多，但是价格便宜！"

【点拨】在不确定客户关注的是品牌还是价格前，尽量不要提及产品价格或优惠活动等内容，毕竟销售人员的想法未必与客户的想法、心理需求一致。

雷区2："您好，您想要的所有功效的护肤品，本店都有！"

【点拨】如果客户认为店铺的产品不多，销售人员再如此向客户解释就显得有点牵强。

客户或许是因为对店铺产品不感兴趣而提出这种疑问，又或者是因为逛街时间比较长、浏览了过多的同类产品而出现审美疲劳。事实上，不管店里有多少产品，如果客户不了解，都会认为产品种类不多。

对于客户认为店里品种不多的问题，销售人员应先站在客户的立场想问题，并有意识地顺着客户的思路理解其需求，出其不意地化解其质疑。这样不但维护了客户的自尊，又可以继续开发客户需求并引导其购买。

处理客户提出的"化妆品少"异议的技巧有以下几种。

（1）肯定客户想法，维护客户自尊。

（2）聆听客户提出的意见，让客户产生被重视的感觉。

（3）按照经验将相关的产品介绍给客户。

（4）借助转折词，如"但是"等将话题往产品方面转移。

一流金口才1

销售人员："您好，谢谢您提出的建议。正如您所说，我们店的产品确实有点少，不过件件都是精品。您想要美白方面的产品，还是补水方面的产品呢？"

▌▌▌▌ 攻心策略

首先，销售人员肯定客户的异议；其次，适当将话题往店铺产品转移；最后，以询问方式了解客户的需求后，进行针对性介绍。

一流金口才2

销售人员："您好，关于您提的意见，其他客户确实也反映过，不过最后他们都在本店购买到心仪的产品。我觉得这款产品特别符合您的需求，不如听我给您介绍一下，好吗？"

▌▌▌▌ 攻心策略

客户没有找到满意的产品才会认为产品少。在这种情况下，销售人员应主动出击，先倾听客户异议，适当回应，并将话题往店铺产品转移，解决客户心中的疑虑，为后续销售做铺垫。

 不要热情过度，刚刚好是销售的最高境界

某化妆品店，一位女士走了进来，销售人员热情地迎上去说："欢迎光临！女士，您好！您想买什么化妆品，我帮您介绍一下吧？"客户却冷冷地说："我不需要介绍，自己挑选就行了。"

------------- 话术避雷区 -------------

雷区1: "好吧,那您随意看看!"

【点拨】 卖出商品是销售人员的真正目的,简单地应付并不能解决问题,反而会让客户以为自己不被销售人员重视。

雷区2: "那好,您随便看看,我就在您边儿上。"

【点拨】 客户已经要求自己选购,若销售人员继续跟在客户身边,反而会适得其反,让客户反感,并认为销售人员干扰自己的选购。

雷区3: "您好,本店多数都是化妆品类,为了让您更快找到合适的产品,不如让我给您介绍一下?"

【点拨】 不识趣地一味介绍,不会观察客户的表情变化,容易使对方反感并扬长而去。

------------- 行家如是说 -------------

客户的消费方式及心理特点各有不同,同一种接待方式未必适用所有客户。如果销售人员不识趣,在客户身边说个没完没了,可能会让客户认为销售人员比较热情,也可能会让客户认为销售人员太过啰唆,不胜其烦。如果客户坚持要自己看看,说明其渴望安静的购物环境,消费比较理智,不会根据销售人员的指引购买自己可能不喜欢的产品。所以,过度热情的销售人员,反而会给客户留下较差的印象。

如果客户强调自己选择,销售人员可采取以下方法应对。

(1)致歉。

态度真诚,以"抱歉"或者"不好意思"向对方道歉。

(2)表态。

"那好,您先随意看看。"

(3)说明。

"我叫××,有需要随时叫我,我就在旁边。"

（4）退到一边。

与客户点头示意并退到一边，为客户提供更大的空间。

（5）提醒。

应提醒其他同事给予客户单独挑选的空间，不要打扰对方。

（6）观察。

关注客户的一举一动，在适当的时候主动提供服务。

一流金口才1

销售人员："不好意思，那请您随意挑选，我会交代其他同事让您安心选购。如果您有什么需要帮忙的地方，随时叫我！"

攻心策略

销售人员先向客户道歉，并利用适当的说法取得客户的信任；然后采取有效的补救方法，告诉对方自己随时可以为其服务。

一流金口才2

销售人员："好的，我就不打扰了。我叫小王，您要是有什么不明白的地方，可以随时叫我，我就在旁边，祝您购物愉快！"

攻心策略

销售人员将主动权赋予客户，满足客户自行选购的愿望，并简明扼要地进行自我介绍，使客户在选购期间遇到问题或需要帮助时可以第一时间想到自己，增加销售成功的概率。

第二章
化妆品推介攻心话术特训

　　客户最需要的是销售人员的关心和重视，并得到适合自己的、能给自己带来实惠的产品和服务。因此，销售人员能否站在客户的立场上介绍化妆品，为客户着想，给客户充分的关注，迎合客户的需求，满足客户的心理愿望，这些是决定销售能否成功的重要因素。

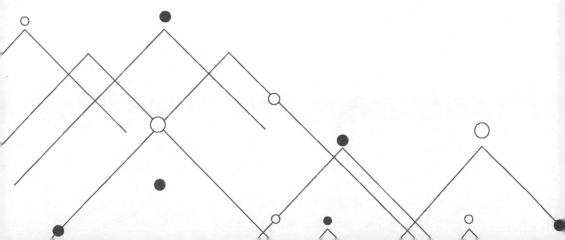

营销是一场博弈，我们的王牌就是真诚

某商场内，一位女士来到化妆品专区，只看了几眼本柜台的产品，就准备去其他柜台看看。

雷区1："不好意思，您对我们的产品不满意吗？"

【点拨】如此直白地询问客户，客户可能会直接回答"不适合"，而不会提供有用的信息。

雷区2："有几款产品可能比较符合您，让我给您介绍一下如何？"

【点拨】客户非但不会给销售人员介绍的机会，反而会觉得不必将时间浪费在这里。毕竟销售人员都不清楚客户的需求，又如何得知什么产品适合他们呢？

雷区3："您认为我们的产品价格贵了，是吗？"

【点拨】这种说法容易让客户以为销售人员觉得自己买不起才选择离开，这会使客户对店铺的印象极差。

销售的成功与否，取决于客户需求。如果客户对店铺的产品视若无睹，反映了其对店铺的产品不是不了解，就是不满意。一个出色的销售人员首先要掌握客户需求，并结合客户情况向其推荐产品。销售人员必须认真思索：客户是出于何种原因而购买化妆品。销售人员必须以客户需求为主，而不是以产品为主，一定要将客户与店铺产品联系起来，找到当中的共同点。记住，销售人员要给客户想要的，而不是给自己想给的。

销售人员应真诚询问客户不购买产品的原因是什么。假如营销是一场博弈，销售人员手里最大的王牌就是真诚。如果客户认为销售人员态度不真诚，肯定不会在这里购买任何产品。若销售人员能够以真诚的态度打动对方，就可以激发客户的购买欲并提高其购买的概率。

------- 销 冠 特 训 营 -------

一流金口才1

销售人员："请问您不购买我们产品的原因是什么呢？"

客户："我认为你们的产品与我的肤质完全不匹配。"

销售人员："是吗？我能问您几个问题吗？只要1分钟，谢谢您的配合！一会儿免费赠送您一份小礼物。"

客户："这样啊，好吧。"

销售人员："您一般用什么品牌的化妆品？您觉得哪些品牌最适合您？您最喜欢什么颜色？"

（客户回答销售人员的问题）

销售人员："通过您提供的信息，我觉得您的皮肤是混合型的，应选用能够均衡皮肤水油的产品，既可以改善肤质，还能够提亮肤色。我们新推出的一款产品最近特别火爆，我拿给您体验一下怎么样？"

▮▮▮▮ 攻心策略

首先，销售人员要掌握客户是为什么不满意产品；其次，通过调查询问掌握客户需求，了解产生问题的原因；最后，在此基础上介绍针对性产品，让客户放下警惕心理，引导其进入下一个销售环节。

一流金口才2

销售人员："不好意思，我发现您一进门就走到里面去，是打算买什么产品吗？"

客户："是的，但是我听说你们的产品好像没什么效果啊，我想买效果比较显著的。"

销售人员："效果最重要！不过，您要是听别人的一面之词就认为我们的产品效果不好，会不会有点武断了？我先为您做一个免费的皮肤测试，并按照您的肤质为您介绍一些适合您的产品。买不买无所谓，权当您体验一下，万一您发现我们的产品与您的要求符合呢？"

攻心策略

销售人员经询问，发现客户质疑产品功效，这时，销售人员需要及时向客户说明原因，并免费为客户测试皮肤，得到客户的认可后，再进入后续销售流程。

结合品牌实际，及时更正客户的错误认识

一天，一位女士来到某化妆品品牌专卖店，浏览了一下产品说："我怎么以前没见过这个品牌化妆品的广告？"

雷区 1："不会啊，因为广告来的客户多着呢！"

【点拨】直接否定客户，容易挫伤客户积极性，既不可能促成交易，又会降低客户二次进店的可能性。

雷区 2："许多电视台都有播我们的广告，难道您没注意过吗？"

【点拨】如此直白的对话，容易让客户认为自己被销售人员看不起，觉得自己见识短浅，产生抵触心理，不利于后续销售工作的实施。

雷区 3："不打广告的品牌，都是好的品牌。"

【点拨】如今的时代，不再是"酒香不怕巷子深"，这么说只会让客户觉得销售人员纯粹是"王婆卖瓜，自卖自夸"。

行家如是说

在选购化妆品时，客户第一个关注点就是品牌。品牌知名度越高，越能够促进客户交易。不少人认为，品牌的广告越多，说明其发展越好；反之，若广告少或者完全不做广告，则说明这个品牌无人问津。

如果客户问起"为什么你们品牌不做广告"，说明客户既不信任也不认可这个品牌，所以，销售人员必须及时更正客户的错误认知。若品牌的广告的确较少，则销售人员应如此解释："尽管广告能够让品牌做到家喻户晓，但是商品的内在和质量才是我们最关注的。我们相信好的产品可以使您获益无穷。"

如果客户认为"没有广告的品牌不是好品牌"，销售人员则要从下面三点入手。

（1）掌握本店产品品牌特点和市场定位，对销售的产品自信满满。

（2）向客户介绍品牌的广告方式与市场定位。

（3）肯定产品能为客户带来价值。

销冠特训营

一流金口才1

销售人员："我觉得您的提议很好，'酒香也怕巷子深'，品牌再好也应适当推出广告。不过，我们觉得好的品质和效果才是真正能够打动客户的，广告带来的作用很短暂，而客户口碑才是长久的。而且我们公司的大部分成本都投入研发，广告上的经费十分有限。若您觉得我们的产品好用，肯定会向身边的亲朋好友推荐，而这就是我们品牌最好的广告了。另外，我们的产品全是为您这样的客户量身定制的，您值得一试！"

攻心策略

销售人员先将品牌宣传方式与市场定位告知客户，肯定客户使用本品牌产品会产生的效用，适时提出交易想法，引导客户体验、购买。

一流金口才 2

销售人员："我觉得您说得很对，我给您介绍一下我们品牌的宣传模式吧。这是我们品牌的广告在中央电视台和各省电视台播放，也在一些知名女性杂志及视频网站上出现。我们品牌的广告宣传力度是很大的，您用了我们的产品，相信会比以往更美丽动人，自信十足。"

攻心策略

为了证明品牌效应，销售人员应用一些数据和事实说话，以此提升客户对品牌的信心，从而认可品牌并促成交易。

 ## 利用合理陈述，使品牌得到客户肯定和认可

某化妆品店内，销售人员正在向一位女士介绍本店的产品，这位女士听了以后说："如果你们品牌这么有名，我怎么没听说过？"

雷区 1："我们是刚上市的新品牌！"

【点拨】一开始客户就表示不信任品牌，如果销售人员还是如此敷衍对方，很难取得对方的信任，不利于后续销售。

雷区 2："您买的不是品牌，而是产品效果哦。"

【点拨】大部分客户都很重视品牌，认为品牌知名度越高，产品质量就越好。

雷区3："您不认识我们的品牌？我们品牌的知名度挺高的啊！"

【点拨】如果客户表示没听说过该品牌，销售人员如此问可能会让客户有被看不起的感觉。

产品名气大，说明其社会声誉、质量一般都比较好，价格一般也比较高。不过个别情况下，客户持续关注品牌，可能是为了从中获得更多更大的优惠折扣，而非进一步掌握品牌信息。

在介绍品牌时，销售人员应从客户心理入手，利用合理陈述解决客户心中疑虑。有时候，只需要应用一个简短的、能够打动人心的故事，或者提几个问题，就可以使品牌得到客户的认可。

由于化妆品品牌不同，销售人员应使用的说服技巧存在一定的差异。

（1）国内品牌。

彰显品牌的民族性，强调与我国消费者皮肤状况相适应等特点。

（2）国际品牌。

彰显品牌的历史、名气和实力。

（3）新上市品牌。

突出品牌"人无我有、人有我优"的特点。

一流金口才1

销售人员："因为我们是刚进入国内市场的品牌，您没听说过也不意外。除了北京、上海、广州等一线城市，我们品牌也是刚在一些省会城市开设店面，因此大家知道得不多。不过，作为国际品牌，我们的产品值得您信赖。毕竟我们的品牌在欧美地区有着相当高的名气，国际明星××就是我们的品牌代言人，加上这家商场又是这里的高档商场之一，我们品牌要是没有一定的实力，也不会进驻这里啊！"

攻心策略

销售人员利用明星代言以及进驻城市高档商场回应客户对品牌的疑虑，更容易得到对方认同。

一流金口才 2

销售人员："您好，我们确实是新上市的品牌，您说得没错。不过，如果没有一定的实力，新品牌是很难在市场上推广下去的。我们对产品质量十分重视，和您的观点相比，我们更害怕品牌名气小而影响销售，所以我们愿意向您提出"无效退款"的承诺。这样既可以解决您心中的疑虑，又能够让您体验我们的产品，您看可以吗？"

攻心策略

在肯定客户眼光后，销售人员先从打开市场入手，向客户做出无效退款的承诺，使其更加信任本品牌。

不同情况作不同处理，化解品牌的仿冒嫌疑

某化妆品店内，一位打扮入时的女士拿着一款活肤水问销售人员："你们的化妆品跟××品牌很像，是不是仿冒的啊？"

雷区 1："这是不可能的，您是不是搞错了？"

【点拨】一板一眼的回答，不但无法解决客户心中疑惑，又容易激发客户的反感情绪，不利于后续销售。

雷区 2："哈哈，我们是知名的国际品牌，您是和我们开玩笑吗？"

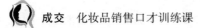

【点拨】有时候，嬉皮笑脸容易让客户认为销售人员是在蒙混过关，工作态度不认真。

雷区3："没有啊，要不您说说看，我们到底模仿什么品牌了？"

【点拨】哪怕客户说的并非事实，销售人员也不能用这样的口气与客户交流，只会使客户更加反感。

一些化妆品品牌在命名上常常以国际化妆品品牌为参考对象，还有一些化妆品品牌在国外注册，虽然命名时以自身特色为主，但是无论品牌设计风格还是产品款式设计，都有效仿国际知名品牌的痕迹。

针对品牌是否仿冒他人的问题，销售人员在接待客户时可采用以下应对技巧。

（1）向客户介绍品牌发展史及品牌故事。

（2）将事实告知客户。

（3）赞美客户。

一流金口才1

销售人员："看来您很专业哦。您说的品牌我也比较了解，二者确实存在异曲同工之处。不过，您可能不清楚这两个品牌属于同一个集团，您说的品牌是我们品牌的母公司，不同的是我们的价格至少要便宜20%，您大可放心选购！"

攻心策略

销售人员应先恭维客户眼光好，接着将两个品牌相似的原因告知对方，并适当运用一些有效资料数据。

一流金口才2

销售人员："您有顾虑是可以理解的，毕竟市面上假冒伪劣的化妆品品牌并不少见。但是，作为国际化妆品品牌，现在只有别人效仿我们，没有我们效仿别人一说，您看，这就是我们的授权资料和海关批文。今天您进入我们店，是我们的荣幸，也是一种缘分，邀请您体验一下我们品牌的产品和服务好吗?"

 攻心策略

先肯定客户眼光和提出的质疑，再利用品牌资料为品牌正名，协助客户明辨真伪。

从客户特点入手，介绍化妆品的包装特点

某化妆品店内，一位女士拿着一款补水面膜问销售人员："你家化妆品价格这么高，包装怎么这么丑?"

雷区1："不会吧? 每个客户都说挺漂亮啊!"

【点拨】 这种回答仿佛在批评这位客户的眼光差，容易伤及客户自尊，不利于后续销售的进行。

雷区2："这是当下最新的环保包装，莫非您不知道?"

【点拨】 销售人员好像在说客户阅历少，给人一种高傲的感觉，可能导致客户头也不回地离开。

雷区3："虽然包装一般，不过应该和您的需求很吻合。"

【点拨】 虽然销售人员肯定了客户观点，但是没有真正解决客户问题，无法促成交易。

产品包装的重要性不亚于产品本身。化妆品的作用是让人变得

更加美丽，而优秀的产品也离不开好看的包装。客户只有用过产品，才知道产品好用与否，而好看的包装是吸引客户的第一个视觉要素。

在介绍产品包装时，销售人员应从客户需求入手：如果客户外表成熟，则可以突出包装的国际化特点；如果客户比较年轻，则可以突出包装的个性化和时尚新潮等特点。综合而言，介绍产品包装时必须从客户特点入手，哪怕包装不被客户认可，也不应马上向其解释，而是将客户关注点适当转移，使其将注意力集中在产品的质量和效用方面。

如果客户不认可产品包装，销售人员向客户解释时可以参照以下流程。

（1）肯定客户观点。

（2）讲解产品包装。

（3）突出产品内在。

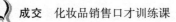

销冠特训营

一流金口才 1

销售人员："是啊，您说得不错，应该再包装得上档次一点儿，这是我们做得不够好的地方，我会积极向设计部反馈，希望他们在推出下一款新品时能够采纳您的观点。但是，相比包装，我们在选购化妆品时更应该关心产品的质量与功效。"

攻心策略

在肯定客户观点后，销售人员应尽可能与客户保持相同立场，强调化妆品的选购重点，将包装问题往产品质量优劣方面转移。这种处理模式一般适合应用在缺少特色的产品包装上。

一流金口才 2

销售人员："您好，我觉得您说得很对！我们的包装不够吸引人，这是事实。不过，不是我们没这个能力，而是我们想更多投入到产品上。在产品原料、质量以及配方都相同的条件下，如果包装更精美，价格起码要比现在贵上 15% 或更多。"

 攻心策略

在肯定客户观点后，销售人员将产品包装简单的原因告知客户，解决客户心中的疑虑；再利用价格对比，消除客户不满意产品包装的心理。

把握客户的痛点，解决他们没时间的顾虑

实战片段

某美容店内，一位白领想办张美容卡，但又担心工作太忙，没时间做护理。

话术避雷区

雷区 1："要不您先办张卡，到时我联系您？"

【点拨】 销售人员的求功心切，未能解决客户问题。

雷区 2："您怎么会没有时间护理皮肤呢？要知道这是很重要的！"

【点拨】 这给人一种质问客户的感觉，销售人员应让客户体验到办卡的实惠。实惠越多，客户办卡的可能性就越高。

行家如是说

如果客户表示没有做护理的时间，销售人员应突出护理皮肤的重要性，让客户知道，护理、保养皮肤非常简单，作为对自己的投资，工作再忙也应挤出护理皮肤的时间来。所以，只要销售人员把握客户

的痛点，自然就能够让客户心悦诚服。

若客户表示没时间过来，销售人员应如此说："如果您实在抽不开身，我们美容院有上门服务。您可以联系美容院，由她们为您提供上门服务。这样一来，您就可以足不出户体验到专业服务。"

一流金口才 1

销售人员："看样子您是个工作能力特别强的人啊，太会利用时间了！但是，再忙也要关注皮肤保养。现在您一心扑在工作上，未来再想保养皮肤，需要的时间和金钱就更多了，而且生活不规律、操劳过度又会加速皮肤老化，使皮肤暗沉。成功女性也应该有好皮肤！您别担心，保养皮肤不会占用您太多时间，我们可以为您安排，尽可能减少您的等待时间。这样既不会让您的工作受到影响，又让您享受到专业的皮肤护理服务，您觉得可以吗？"

攻心策略

销售人员应先肯定客户眼光；然后向客户介绍保养皮肤的必要性，使其得知操劳过度容易加速皮肤衰老；最后建议客户抽出适当时间保养皮肤，并为其量身定制护理方案，增加客户办卡的概率。

一流金口才 2

销售人员："您每个星期只要腾出两小时，就能够享受我们美容院为您提供的专业 SPA 服务。我们的皮肤随着年龄的增长而变得异常脆弱，定期保养很有必要。其实很简单，忙忙碌碌一个星期，腾出两小时让自己好好放松一下不是挺好的吗？您只需要躺下来闭目养神，剩下的交给我们。"

攻心策略

销售人员要解决客户心中的疑虑，告知对方做皮肤保养的时间不会很久。

介绍化妆品成分时，强调为皮肤带来的好处

某化妆品店内，一位女士拿着一款化妆品问销售人员：

"你好，请问这款面膜的主要成分是什么？"

雷区1： "××是主要产品成分，可以滋润皮肤，保证皮肤白皙透亮。"

【点拨】 千篇一律的简单解释无法满足客户的求知欲，单凭这一句话想促成客户购买更是不可能的事。

雷区2： "产品有不少成分，具体我也说不明白，您可以先看看产品说明。"

【点拨】 客户在选购产品时，肯定想了解该产品的功效。若连销售人员自己都不了解产品的好坏和成分，自然无法吸引客户购买了。

雷区3： "这款面膜成分特别丰富，如××××能够迅速补充皮肤水分，重新唤起皮肤活力。"

【点拨】 机械式地向客户介绍产品成分，简单说明产品使用效果，并不能将产品的应有价值体现出来。

在购买产品之前，客户会收集一些资料，当中就包括化妆品成分。部分经验老到的客户在产品选购中，对产品成分、功效及其安全性十分重视。所以，简单地陈述产品功效和成分是不能使此类客户产生购买欲望的。

客户关心产品成分，无非是关心产品能够为自己带来的效果。所

以，销售人员在介绍产品成分时，必须重点介绍各类成分为皮肤带来的好处，使其切实体会到使用该产品的价值。

一流金口才1

销售人员："您看，您也是专业人士，要是我说的不对，您多担待。我们这款产品的配方是从植物中提取出来的，以×××为主，有利于受损皮肤的修复，可以补充角质层含水量，改善肤色，让您拥有更加细腻、有弹性的肌肤。"

攻心策略

先赞美客户一番，接着介绍面膜的成分和作用，让客户知晓使用这款产品会为皮肤带来哪些实质性变化。

一流金口才2

销售人员："这款面膜是新推出的产品，××是这款面膜的主成分，已获得有着'美容大王'之称的××知名影星强力推荐。长期使用这款面膜能够激发肌肤活力，恢复肌肤美白红润。如果您熬夜多，工作环境的空气不好，那您最适合使用这款面膜了。"

攻心策略

销售人员利用明星效应解释购买这款面膜的价值和意义；根据客户工作环境，向客户强烈推荐这款面膜，促成交易。

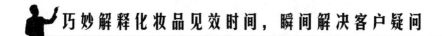

巧妙解释化妆品见效时间，瞬间解决客户疑问

一家化妆品专卖店内，一位女士拿着一瓶××祛痘凝露问

销售人员："你好，这款产品使用后多长时间见效？"

雷区1："说明书上写得非常仔细，您可以先看一下。"

【点拨】如此敷衍的回答，只会让客户认为销售人员并不专业，产生失望的情绪。

雷区2："大概1~2个疗程吧。"

【点拨】回答太过简单，让客户对1~2个疗程的认知比较模糊，也不了解需要1~2个疗程的原因。

雷区3："人与人的肌肤情况不同，时间上就有所差异，一些客户1周左右就可以了，一些客户则需要1~2个月。"

【点拨】模棱两可的回答如同没说，客户也分不清使用产品后什么时候才看到效果，继而对产品失去信心。

————————— 行家如是说 —————————

每一款护肤品只有使用一段时间后才会呈现出效果，然而，大部分客户却希望能够迅速看到使用效果，最为重视产品的见效时间。他们在使用产品时没有养成耐心等待的习惯，若见效时间长，就会瞬间兴趣全无。

客户要求使用产品后可以马上呈现出效果的想法是可以理解的，作为销售人员，必须理解并按照产品见效时间适当介绍。若产品见效时间相对较短，则销售人员在介绍过程中以"时间就是成本"为主讲解，调动客户购买热情。若见效时间长，则突出产品安全性，以其他见效时间长及可信度高的知名品牌为例，扫清客户疑问。

介绍产品见效时间时，应按照下面几点进行。

（1）若产品见效时间短，则突出产品见效快的优势。

（2）若产品见效时间长，则突出产品的安全性、可靠性及必要性。

一流金口才1

客户："使用这款抗皱霜以后，要多长时间才看得到效果？"

销售人员："这款抗皱霜的使用方法有别于基础护肤品。正常来说，大概2个月，您就会发现您的皮肤比原来光滑紧致一些！"

▮▮▮ 攻心策略

为了解答客户心中的问题，销售人员要详细介绍功能性化妆品不同于一般化妆品的地方，重点分析使用时间，增加客户对产品见效时间的认识。

一流金口才2

客户："我工作很忙，眼角的皱纹已经出来了，黑眼圈也挺严重的，如果使用这款眼贴，什么时候才看得到效果？"

销售人员："黑眼圈的改善有别于皱纹消除时间。鉴于您是因为长期熬夜而产生黑眼圈的，用这款眼贴再加上调整作息时间，一段时间也许就可以看到一些效果了。若要改善眼袋或者眼皱纹的话，正常来说连续用一段较长的时间，才会看得到效果。比较来看，在同款眼贴中这款是见效时间较短的产品了。"

▮▮▮ 攻心策略

销售人员既要迅速回应客户咨询，又要按照客户的实际情况，对改善黑眼圈时间与抗皱时间的区别做详细讲解，增加客户对产品的了解程度。

介绍产品功效时应把握尺度，切忌夸夸其谈

一位女士想买祛斑霜，销售人员给她推荐了一款，这位

女士看了一下，问这款产品的功效怎么样。

雷区1："您试过就知道这款化妆品效果如何了！"

【点拨】 如此直白的回答既不会促成交易，又很难获得的客户的信任，可能会致使其直接打消购买产品的念头。

雷区2："这款祛斑霜效果极好，绝对有效。"

【点拨】 过于绝对，就显得有点言过其实，让客户觉得销售人员是为增加产品销量而夸下海口。

雷区3："这款祛斑霜是您的不二之选，要是这款没效果，那么其他产品的效果就更加不如您意了！"

【点拨】 记住，话永远不要说得太满，否则一旦客户对这款产品不感兴趣，那销售人员很难再推荐其他产品。

在选购化妆品时，客户对使用效果最为重视。所以，销售人员必须了解产品作用与功效，不过在介绍产品功效时应把握尺度，切忌夸夸其谈，应合理分析、实事求是，争取得到客户的信任。

作为销售人员，理应掌握客户需求、客户皮肤情况，详细分析产品效果。若客户认可销售人员的介绍，则为客户高兴，并解释产品使用的注意事项，尽可能地使产品的效果全面发挥出来。

销售人员在介绍产品功效时应遵守以下流程。

（1）肯定产品功效，如"这款产品与您的肤质十分吻合，值得您信赖"。

（2）详述产品功效。

（3）拿出具体数据或书面报告。

（4）鼓励客户，如"您的信心也有利于产品效果的发挥"。

------- **销冠特训营** -------

一流金口才 1

销售人员："从女性的角度来说，我理解您希望马上祛斑的心情。不过，我建议您应针对性地选择祛斑产品，并留意产品安全性。作为×××配方产品，我们的产品成分没有重金属，也没有激素，想马上祛斑是不可能的。不过，使用我们的产品可以使您脸上的雀斑停止恶化或增加，使用时间长的话有利于色斑的淡化。"

攻心策略

为了促成交易，销售人员公正客观地陈述产品功效，有时候反而容易得到客户的信任，使其愿意购买销售人员推荐的产品。

一流金口才 2

销售人员："我们这款祛斑霜的配方源自××及××，是从珍贵野生中草药××及××中提取的。与妊娠斑、内分泌引起的雀斑等相比，太阳照射产生的日晒斑更容易祛除，恢复更快，通常在使用一段时间后就能够有效果，非常值得您入手！"

攻心策略

由产品成分及产品功效入手，销售人员向客户仔细介绍，并利用各种数据向客户证实产品使用效果，增加客户对产品的信任并促成销售。

 强调化妆品的安全性，协助客户放下心头大石

 **实战片段**

小李今年25岁，脸上长了雀斑，于是她来到××专卖店想挑选一款祛斑霜，并询问销售人员这款祛斑霜是否含重金属成分。

话术避雷区

雷区1："绝对没有，请您相信我们！"

【点拨】如此草率的回答，让客户很难相信，只会让客户觉得销售人员在应付。因此，提出具体案例很重要。

雷区2："我们的产品没有，其他品牌不一定。"

【点拨】销售人员自夸品牌而恶意诋毁其他品牌，这种方法无法取得客户信任，于人于己有害无益。

雷区3："您放心，我们这款祛斑霜在很多年以前就开始销售了。"

【点拨】回答过于粗略，要想产品被客户认可，销售人员就必须全面、详细地介绍。

行家如是说

事实上，客户的祛斑愿望比较急切，部分商家就是意识到这一点，才不顾商业道德，对产品功效夸大宣传，甚至为了让产品见效快，不惜将重金属，如铅、汞等添加到产品中。尽管在短时间内，这些成分可能会产生一些祛斑功效，然而长期使用会带来许多副作用，如致癌、色素沉淀以及反弹等，严重危害到人体的生命安全。因此，销售人员应理解客户的心情，对产品的作用和成分等进行举证，并利用客户反馈、权威证明等协助客户放下心中疑虑，让客户能够正确识别产品优劣。

销售人员可由以下几点去介绍品牌的可靠性。

（1）肯定客户的问题，如"我觉得您说的有道理"。

（2）强调立场，如"这也影响到我们"。

（3）对品牌、成分、作用、生产工艺、客户经验和品牌市场知名度等方面进行详细陈述。

（4）强调重点，如"都说检验真理的唯一标准就是时间，所以，您可以先使用看看"。

销冠特训营

一流金口才1

销售人员："问得好。有些祛斑霜中添加重金属成分这种情况的确出现过，不过现如今客户安全意识不断提高，也学会了如何识别这种欺骗行为，尤其是像您这种客户。您大可从我们品牌的市场口碑去了解这款祛斑产品的效用和安全性能，不是吗？"

攻心策略

先赞扬客户的安全意识，并适当恭维对方，然后引导客户通过品牌声誉和知名度去了解品牌和产品，以此解决客户的疑虑。

一流金口才2

销售人员："您能这么问，我们也很欣慰，毕竟市面上不乏刻意夸大功效、恶意欺骗客户的产品。时不时有客户会向我们咨询，'作为知名品牌，为什么你们的产品见效时间这么长？'还好，今天和您这样的专业人士遇上。我们的这款祛斑霜是通过×××而产生作用的，尽管产品见效时间长一点，但较少反弹。长期以来，我们给客户的承诺并非快速祛斑，而是安全祛斑。"

攻心策略

首先，感谢客户的咨询；然后，从客户的立场去分析问题，缩短双方的距离，争取对方的信任；最后，通过产品成分介绍消除客户心中的疑虑。

介绍保质期和存放要求，解决客户关心问题

实战片段

某化妆品专卖店内，销售人员正在介绍一款面霜，客户

问："这件化妆品保质期多久，有特别存放要求吗？"

雷区 1："我们这款产品有三年的保质期，不用特殊保管。"

【点拨】 回答太过笼统，如果出现特殊情况怎么办？所以销售人员应将贮存注意事项详细告知客户。

雷区 2："只需要做到避光保存即可。"

【点拨】 回答太过笼统，没有将避光保存的原因告知客户，让客户处于一知半解的状态。

雷区 3："这款产品有效期至 2022 年 10 月，您在这之前都可放心使用。"

【点拨】 回答不专业，不够完善。除了将产品保质期限告知客户，还需要将产品使用的注意事项告知对方。

护肤品保质期的严格程度不亚于医药品。再昂贵的产品，一旦过了保质期，都必须停止使用。长时间存放化妆品必须按照贮存要求，否则就会导致产品变质。如果产品的贮存要求比较特殊，哪怕客户忘记问了，销售人员也应及时告知。

销售人员将产品的保质期与存放条件告知对方时，通常要先说保质期，陈述时必须简单扼要，抓住重点；接着说产品使用方法，若存放要求特殊，则务必加以强调。

使用与贮存化妆品时应做好以下事项。

（1）防污染。

使用时做好相关的消毒工作和卫生工作，防止与他人混用或被细菌污染。

（2）防潮。

潮湿环境容易产生细菌，改变产品成分。

（3）防冻。

产品中的水分一旦结冰，就会损害乳化体，导致质感变粗，使皮肤受到较大刺激。

（4）防热。

保存温度应控制在35℃以内，过高的温度会破坏乳化体。

一流金口才1

销售人员："我们这款爽肤水源自×国，是原装进口的，保质期是四年，如果您买大瓶装的话，既可以获得更多优惠，又不用怕产品会超过保质期。若您逛街的时间比较少的话，用它最合适不过。存放要保证避光、通风，避免强光照射和潮湿的环境。"

攻心策略

面对客户的咨询，销售人员应向其解释产品保质期的问题，接着将大包装的好处、化妆品的日常保存和使用等注意事项告知客户，使其疑虑得以及时消除。

一流金口才2

销售人员："您好，很高兴可以为您服务。我们这款产品有三年的保质期，一旦开封，必须在一年内用完。存放时不要放在潮湿、光线照射的地方，注意防尘，不然会导致产品变质。若产品没用完，但是又超过保质期的话，请停止使用。"

攻心策略

销售人员需要将产品的保质期和注意事项详细向客户陈述，并提醒客户在开封后及时使用，最后引导客户购买该产品。

利用交流配方的机会，提高产品的说服力

惜文在某化妆品专卖店看中了一款素颜霜，她问销售人员："这个产品用的是什么配方，可靠吗？"

雷区1： "抱歉，我记不住，毕竟配方比较多。但是，请您放心，我们在十几年前就开始卖这些产品了，质量不会有问题的。"

【点拨】既然是出售多年的产品，销售人员为什么记不住它的功效和配方？

雷区2： "您放心，我们这款产品是纯植物配方，非常安全、可靠，值得信赖。"

【点拨】面对客户咨询，销售人员应掌握客户大概的喜好后，再做出针对性的回答。

雷区3： "我们这款产品有着相当显著的护肤效果，配方也是今年新研发出来的，集国际先进护肤理念、现代纳米技术以及生化技术于一身。"

【点拨】陈述过于空洞，大部分客户未必听得懂，容易弄巧成拙。

从古至今，人类追求美丽的脚步从来没有停止过，特别是女性，不管处于什么年龄都希望自己的外表靓丽。事实上，美容配方在很久以前就出现了，随着时代的进步、科技的发展，当下的化妆品各具特色，配方也是各有千秋。这意味着销售人员必须扩充知识储备，更具

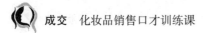

专业性。

客户向销售人员咨询产品配方时，销售人员应利用此机会摸清客户的消费特点，并给出针对性解释，提高产品说服力。若产品卖点比较显著，如有着悠久历史或者驰名中外，销售人员应第一时间进行介绍。只要销售人员的服务是热情的、专业的，对产品的陈述是客观的，就一定能够调动客户的消费热情。

向客户介绍化妆品配方时，销售人员应按照下面的流程进行推荐。

（1）掌握客户购买偏好，简述产品品牌历史背景。

（2）对产品配方的独特成分及生产工艺等进一步介绍。

（3）总结说明产品能够为客户带来的价值。

一流金口才1

销售人员："您问得好。这款祛痘霜是我们公司根据配方，从××中提取精华制成的，拥有消炎消肿等功效，没有任何激素成分，所以它不但可以去掉您脸上的痘印，还可以修复受损皮肤，非常值得您入手一套！"

▮▮▮▮ 攻心策略

销售人员应向客户介绍产品的发展背景，简述产品成分与配方，重点是强调客户购买这款产品可以获得哪些效果，使客户产生进一步了解产品的欲望。

一流金口才2

销售人员："您这个问题问得好！我们是国际品牌，产品配方都是独一无二的。要不，您看看我们的产品说明吧。这款护肤霜的成分是×××、×××、×××以及×××等，有别于其他品牌。长时间使用的话能够让皮肤变得紧致、嫩白，您买它就对了！"

攻心策略

销售人员强调产品的特殊成分和生产工艺，突出和其他品牌不一样的地方，利用产品及品牌的声誉为产品功效和作用举证，增加客户的购买兴趣。

以自信的态度，回答化妆品国内分装问题

某化妆品店内，销售人员正在向一位女士介绍一款合资化妆品，这位女士担心从国外进口原料在国内分装，会影响化妆品品质。

雷区1："您大可放心，不会出现这种情况的。"

【点拨】回答过于简单，无法消除客户心中的疑虑，销售人员应进一步具体说明。

雷区2："每一个合资品牌都采取这种分装模式，可见这种经营方式很安全。"

【点拨】这种解释给人一种混淆视听的感觉，很难让客户的信服，客户仍然会质疑产品质量。

雷区3："百分之百没有问题。这不，我们的卫生许可证都是国家批准的啊。"

【点拨】尽管这种说法问题不大，然而还应进一步具体说明原因。

不少合资化妆品为了突出自己的产品，在推广时常常会说自己的

原材料是进口的，配方是国际最先进的，可是如今市面上充斥着各种各样的假冒伪劣品，使客户越来越不认可化妆品的安全性。

当客户向销售人员咨询化妆品安全性问题时，销售人员不能犹豫，也不能为了完成交易而欺骗客户，而是应以自信的心态、以简单易懂的话回答客户的问题。尽可能选择精练的词语强调产品的优势，以取得客户的信任并促成交易。

可利用下面几种方法识别化妆品的安全性和可靠性。

（1）特殊用途化妆品。

卫妆特字（20××）第××××号为批准文号产品，说明该产品的用途比较特殊。

（2）进口化妆品。

卫妆进字（20××）第××××号为进口批准文号化妆品，如卫妆进字（20××）第××××号，反映这款化妆品属于进口产品，是得到政府批准的。

（3）化妆品生产企业卫生许可证号。

（20××）卫妆准字××-××-××××号等文号的化妆品，是各省级卫生部门颁发给生产公司的。

一流金口才1

销售人员："我觉得您误会了。在化妆品质量这一块，我国的管理标准相当严格，无论是国产品牌、进口品牌，还是合资品牌，都必须遵守这一标准，这意味着分装不分装、在哪里分装并不重要，重要的是是否办理了完整的生产手续及销售手续，有没有生产销售许可证。您看，我们的产品有卫生许可证、卫妆特字号以及生产许可证，手续齐全，还有商品条形码、品牌商、保质期、制造商以及生产日期等。您看，我自己也在用这款化妆品，若真有质量问题，我们这些做销售的还会用吗?"

攻心策略

销售人员应向客户解释，决定产品质量的是是否拥有齐全的手续和证件，而不是分装地点；接着，将产品包装上的相关信息资料，如许可证号等展示给客户，增加客户对产品的信心；最后，以自身经历来消除客户心中的疑虑，促成交易。

一流金口才 2

销售人员："对于这个问题，您大可放心！哪怕在我国分装，那也是我们品牌的子公司来做的，会严格遵守国际统一质量管理标准，品牌总部每年也会定期检验，降低质量风险。我们这个合资厂在十多年前就成立了，与集团总部的质量标准完全一致，不管是从质量、环保还是安全方面，都为消费者提供足够的保障，所以，您不必担心！"

攻心策略

回答客户问题时，销售人员应由统一质量标准入手，并用大量的数据举证，以争取客户的信任。

一流金口才 3

销售人员："您担心是正常的。不过，化妆品质量的优劣不在于它的分装地点，而在于它的原料和配方。只要厂家是合法经营的，都必须接受政府和法律的管理，以此保证其生产出来的产品质量符合国家标准。不少国际品牌都将合资工厂建设在我国，如××等世界有名的日化集团。在我国封装就是为了使客户能够以更低的价格买到更优的产品，与纯进口的产品相比，合资产品价格起码可以便宜20%。而且分装现在已十分普遍，产品质量不会因此而下降，您无须担心！"

攻心策略

销售人员利用国际品牌分装的案例解释在我国分装的优势，并且通过价格上的显著优势引导客户完成购买。

尊重竞争对手，将话题往自家品牌上转移

 实战片段

谷芹脸上有些暗斑，就到一家化妆品店内，想买一款祛斑产品。销售人员给她介绍了一款祛斑霜，谷芹看了一下说："我怎么没见过你们的广告，倒是经常看到××的广告。"

话术避雷区

雷区1： "不会吧？我们品牌也很有名啊！"

【点拨】 这个解释比较牵强，容易让客户认为：若你们也是大名牌，那你们为什么不拍广告？

雷区2： "产品不好，广告再好也没用。"

【点拨】 不管在什么情况下，销售人员都不要诋毁其他品牌，这样既无益于自己的产品销售，又会让客户觉得销售人员是为了交易而这样做，在客户心中留下不好的印象。

雷区3： "我们的产品也很好！"

【点拨】 这种解释过于简单，客户并不清楚购买产品能够获得的价值。

行家如是说

在选购产品时，客户常常会货比三家。如果客户说："××的广告我常常会看到，但是从来没看到关于你们产品的广告。"这时销售人员不要马上解释，而是要尊重竞争对手，适当地肯定客户。

销售人员应以谦虚的语言检讨自己，争取客户的理解；接着自然

而然地将话题往本品牌的产品上转移，增加客户对产品的了解；成功取得客户信赖后，迅速进入产品体验和产品介绍环节；最后利用产品体验，一步步地引导客户完成购买。

一流金口才 1

销售人员："我承认××品牌的确挺好的，特别是在广告方面，我们需要向其学习。在您看来，××最吸引您的地方是什么？（待客户说出来后）在这一方面，我们品牌也相当出色，唯一不足的就是广告上投入不大。因为我们的成本几乎都投入研发上了，我们对质量更加关注。尤其是在××方面，我们的优势是有目共睹的！"

攻心策略

销售人员在肯定客户的眼光后，初步取得客户信任；接着，利用和竞争品牌的优势对比，掌握客户的购物偏好，实施针对性推荐，提高成交概率。

一流金口才 2

销售人员："这样看来，您对化妆品这一块很了解。××品牌在推广这一块做得比较好，在广告上投入很多，不过，相信您也知道，人与人的皮肤状况存在一定的差异，买化妆品必须得买适合自己的。我们这款祛痘产品有着相当好的祛痘效果，连配方也是从植物中提取出来的，不会刺激皮肤。您看，这是我们老客户反馈的使用心得，使用效果都看得见！"

攻心策略

首先，应当恭维客户，接受客户观点；然后，将话题带到本品牌的产品上，专业、热情、自信地向客户介绍产品；最后，利用老客户使用后的信息反馈引导新客户购买。

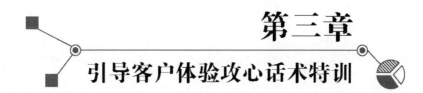

第三章
引导客户体验攻心话术特训

"实践是检验真理的唯一标准"，客户相信自己看到的是事实，而不是销售人员天花乱坠的产品介绍。所以，想要最终打动客户，就必须设法让客户行动起来——请他们体验产品。当客户对产品产生美好的感受时，那么成交仅仅是时间问题。

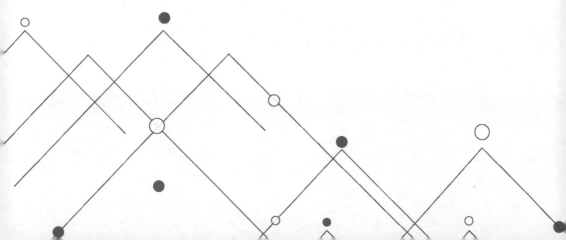

介绍化妆品的使用方法，增加客户对产品的认识

某化妆品店里，一位女士拿着一款化妆品问销售人员："你好，请问这款化妆品如何使用呢？"

雷区1："您看下使用说明书就行了，特别简单。"

【点拨】客户想通过销售人员来了解产品的使用方法与注意事项，而不是被销售人员敷衍。

雷区2："在使用精华液之后，这个只需要轻轻抹一点就行。"

【点拨】"抹一点"到底是多少？销售人员并未让客户精准地了解使用方法。

雷区3："这个使用更简单，要不您看看这款。"

【点拨】如果客户对某款产品表示感兴趣，销售人员就应该向客户说明该款产品的使用方法。如果再将其他产品介绍给他们，既会降低成交概率，又会使他们不满意。

若客户向销售人员咨询产品的使用方法，说明其购买意向比较明确，我们只需要将使用方法详细告知，就能够轻松促成交易。所以，在这一阶段，我们必须将产品的使用与注意事项等向客户解释清楚，因为不当使用可能会让客户出现过敏情况，降低客户回购率。

此类客户多为新手，对化妆品使用程序不太了解。所以，在向客户说明产品的使用方法后，还应一并告知一些日常护肤知识。如此一来，既说明销售人员服务专业，待人热情，又可以将相关产品介绍给客户。综合来说，销售人员接待此类客户时必须小心谨慎，避免由于过于粗心导致交易失败。

一流金口才 1

销售人员："在完成护肤后用这款粉底液。尽管作为化妆品，粉底液本身也具备一定的护肤效果，然而它无法直接使用，必须按照以下步骤进行，首先，以水乳霜等护肤品补充肌肤水分；其次，抹上隔离霜；最后，才可以用粉底液。您脸小，每次只需要挤出黄豆大小的量就行，当然也可以视实际情况增减用量。海绵扑是很好的涂抹工具，上妆也快。如果您在抹上粉底液后脸部肤色与颈部肤色差异较大，也可将适量的粉底液抹在颈部。"

攻心策略

销售人员需要将粉底液使用流程详细地告知客户，增加客户对产品的认知。若发现客户很少使用护肤品，则应适时将其他产品推荐给客户。

一流金口才 2

销售人员："为了更好地淡化您的眼袋与黑眼圈，早晚您都要使用一次这款眼霜，而且必须坚持长期使用。我们的眼部肌肤比较薄，所以使用眼霜时应控制用量，每次用量为 1 粒大米大小就行了，避免涂抹过多导致脂肪粒的形成。眼霜要避免与其他产品同时使用，否则会增加眼部皮肤负担，适得其反。同时，您在日常生活中要注意保养，尤其是要避免熬夜，也要注意饮食健康。"

攻心策略

销售人员向客户介绍产品的使用方法后，还可以针对客户的生活和饮食习惯给出相应建议，让客户体验到专业的服务，从而促成交易。

因势利导，解决化妆品气味不被接受问题

实 战 片 段

　　某化妆品柜台前，一位女士在手上抹了一些护肤品，闻了一下说："天啊，这款护肤品怎么这么难闻！"

话 术 避 雷 区

　　雷区1："没办法，这款产品的味道就是这样的。"

　　【点拨】这种回答和没有回答并没有差别，不仅不能激发客户购买的兴趣，还可能失去客户。

　　雷区2："这说明我们产品以植物精华为主，是纯天然的。"

　　【点拨】尽管解释了产品的优势，然而并没有激发客户的购买欲望。

　　雷区3："不过价格特别实惠啊！"

　　【点拨】客户已经不喜欢这款产品的味道了，销售人员再强调价格实惠的话，和间接承认产品存在问题没有差别。

行 家 如 是 说

　　如果护肤品香气悦人，常常可以得到女性客户的喜欢，可见香味是女性客户比较重视的一个细节问题。不过，因为护肤品品牌不同，选用的原料也有所差异。如一些护肤品的原料来自玫瑰，它能够散发出怡人的气味；一些护肤品的原料来自当归、芍药等中草药，它们就带有一些中药的气味，可能对于部分人来说不太好闻，但这不能说明其功效差。

　　在接待此类客户时，销售人员需要先肯定客户的意见。只有真正站在客户的角度去思考问题，才能得到他们的认可，进而使他们耐心倾听销售人员的介绍。销售人员还需要消除客户疑虑，在此期间必须保证客观。比如，销售人员可以这样回答客户："因为这款产品以植物为原料，且没有添加香料，所以您可能不太习惯闻这种原料自然散发出来的气味，不过，它对皮肤特别好，是完全无刺激的！"在产品气味不被客户接受的情况下，销售人员应向客户解释气味不佳的原因，并说明产品原料对皮肤的好处，自然而然地将话题往产品使用功效与价值上转移。

一流金口才1

销售人员："是的，就像您说的，这款护肤品散发出来的气味不太好闻。不过，相信您也了解过，护肤品的质量和功效最重要。这款护肤品主要针对油性肌肤，以××为主要成分，不含任何化学物质，而且我们的产品配方师在检验产品安全性时会亲自试用。不少客户使用后都反馈效果特别好，说皮肤比以往更加光滑，脸上的毛孔明显缩小了，肤质得到了极大的改善。"

攻心策略

首先，销售人员应对客户说法表示认可；其次，从产品安全性入手向客户说明产品气味难闻的原因；最后，在适当时候以老客户使用反馈举证，使客户将焦点放在产品功效上，引导客户购买。

一流金口才2

销售人员："您好，您的担心是正常的。不过，不少国际知名品牌护肤品的气味部分人也不能接受，如××的面霜就有着和膏药差不多的气味，却有着相当显著的效果，是该品牌的主打产品。您看，我们这款产品是以中草药为主要成分的，刚开始闻是不太习惯，不过用过几次之后您会发现这种气味可以接受。毕竟产品香味越重，越可能添加过多的香料，损伤我们的肌肤。"

 攻心策略

销售人员为了解释产品气味不好而用国际知名品牌举证，以此增强客户对产品的信任，同时又可以提醒客户少用香料添加过多的产品，避免皮肤受损，使客户不再过多关注产品气味。

从不同角度入手，引导客户认可眼影的化妆效果

 实 战 片 段

某化妆品专卖店内，销售人员正在给一位女士试用一款眼影，涂好以后这位女士边照镜子边说："紫色眼影感觉有点妖艳，好像不适合我。"

 话 术 避 雷 区

雷区 1："如果您不喜欢这种的话，那我给您换其他的。"

【点拨】轻易放弃的话，客户未必就会喜欢销售人员介绍的下一款产品，只会增加成交难度。

雷区 2："我觉得挺漂亮的啊，您不够自信哦！"

【点拨】如此解释难以让客户对产品产生兴趣。

雷区 3："这种妖艳的感觉就是我们想要的！"

【点拨】如果客户明确说不喜欢，销售人员还不能随机应变，是无法动摇客户内心决定的。

 行 家 如 是 说

许多女性在社交中大量使用化妆品，既包括日常护肤品，又包括彩妆产品。如果客户肌肤本身就存在一些瑕疵的话，适当使用彩妆产

品能够起到掩盖的作用，但是过度使用彩妆或使用方法不正确会损害肌肤。

彩妆的一个重要品类就是眼影。眼影可以让我们的眼部更加立体、完美，如紫色眼影就给人一种十分妖娆的感觉，能够散发出神秘、贵族、冷艳以及成熟的气息。所以，要想让客户认可眼影的化妆功效，就必须从客户的肤色、使用场所、色彩的内涵、搭配技巧以及使用效果等不同角度入手介绍，取得客户的信赖。

引导客户使用彩妆应掌握以下销售技巧。

（1）试用前。

将色彩的含义告知客户，并将可能达到的效果展示给客户。

（2）试用时。

聊天的时候顺便替客户上妆，以充满自信、激情的语言打动对方。

（3）试用后。

引导客户使其欣赏自己化妆后的样子。

（4）促成交易。

通过其他销售人员肯定客户化妆效果，激发客户购买欲。

一流金口才1

销售人员："您觉得自己不适合紫色眼影吗？我个人觉得吧，在眼影色系里，最常用的就是紫色系了，年轻女生用起来显得特别有活力。我是为了强调眼影效果特地画得重一点，不过，这种紫色眼影无论是晚宴妆还是日常妆都很合适的。我可以将其他几种日常妆的化妆方法详细介绍给您，以便您日后能够在出席各种场合时拥有不同的妆容。"

▮▮▮ 攻心策略

第一，销售人员应尽力改变客户对紫色眼影的偏见和误解；第二，提出开单的建议并承诺教会客户掌握其他眼影的画法；第三，对客户错误的化妆知识做具体解释，让客户能够放下包袱，购买商品。

一流金口才2

销售人员："您好，您的皮肤偏深，使用这个色系特别合适，因为紫色眼影能够给人一种神秘、妖娆的感觉，能更加衬托出您的自信和光芒。事实上，能够展现出这种效果的眼影比较少，要不您可以就您现在的妆容问问其他人的意见，相信大家一定都会说这款眼影特别适合您。"

攻心策略

销售人员按照客户的肌肤特点和性格向其解释为什么适用这个色系的眼影，接着通过其他销售人员或身边人的建议突出眼影效果，满足客户的心理需求，引导其完成购买。

先确保产品适合客户肤质，再让客户体验产品

一位女士来到某化妆品店买一款洁面乳，销售人员给她推荐了××洁面乳，客户试用了一下说："这款洁面乳油油的，感觉很难洗干净。"

雷区1："您适当延长洗脸时间就可以了。"

【点拨】 这种说法极业余，无法得到客户认可，客户大概率还是觉得产品质量不合格。

雷区2："会不会是您初次使用不习惯造成的？"

【点拨】 这种说法缺乏说服力，无法有效解决客户的问题。

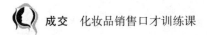

作为日常都会用到的护肤品，洁面乳的质量优劣客户能够迅速识别出来。一般来说，清洁皮肤、补充肌肤水分以及保护皮肤等就是洁面乳的主要作用。若客户认为很难洗干净，多数是因为其使用方法错误，或者是客户皮肤不太适用该款产品。

所以，销售人员在引导客户体验产品时，首先要确保产品与客户肌肤特质匹配。如此一来，哪怕客户在试用产品后产生疑问，销售人员也能够利用专业的护肤知识、陈述技巧以及自信的态度去打动客户，得到客户的认可。如果在客户试用产品以前，销售人员提前向客户解释试用效果，就更能取得客户的信任了。

若客户认为"洁面乳有种洗不干净的感觉"时，销售人员在解释时必须从下面几点入手。

（1）客户肌肤特点。

（2）客户使用习惯。

（3）使用方式。

销冠特训营

一流金口才1

销售人员："您好，您的皮肤是干性的，不应该用太强清洁力的洁面乳。您过去用的洁面乳是适应各种皮肤的，以深层清洁为主，不太适合您的肤质。而我们这款产品主要适用于干性皮肤，重点是滋润皮肤，里面还添加了丰富的保湿因子，能够及时补充肌肤流失的水分，帮助皮肤纤维修复，使皮肤弹性更好。您认为油，其实并非皮肤分泌出来的油脂，也不是无法清洗干净的污垢，而是营养成分在发挥作用。"

攻心策略

一些客户未必了解自己的肌肤情况，所以销售人员必须从专业的角度分析客户皮肤及适用的洁面乳类型，使客户"洁面乳太油了，怎么洗都洗不干净"的不正确观点能够及时纠正过来。

一流金口才 2

销售人员："您好，因为您的皮肤是油性的，在夏天的时候清除分泌的油脂是对的。不过在秋冬季，气候日渐干燥寒冷，若还是用超强清洁力的洗面乳，只怕会适得其反，使肌肤水分和营养严重流失，哪怕是油性肌肤，也可能出现干裂和蜕皮的情况。所以，我们在秋冬季需要及时补充水分，更换部分清洁用品。您看，您手上这款洁面乳可以快速补水，在这种天气使用再合适不过了。毕竟您是初次使用，不习惯也是正常的，多用几次就可以体验到它的补水效果有多好了。"

攻心策略

销售人员向客户说明了季节不同，应适当更换清洁产品的原因，增加客户在这一方面的认识；接着，根据客户的皮肤特点、使用方式以及气候等因素，向客户说明为什么会有"洗不干净"的感觉，以争取客户的信任。

一流金口才 3

销售人员："您好。要想将洗面乳的作用充分发挥出来，就要保证'产品选对了''使用方法对了'。我们这款洗面乳有着极强的清洁能力，不过鉴于您的肌肤属于油性的，分泌油脂比较多，在洗面过程中就要适当延长洗面时间，按摩脸部，特别是分泌油脂最多的 T 区。为了更快溶解脸部油脂，夏天洗脸时应该用温水。同时，洗完脸后要第一时间补水，最好搭配爽肤水使用，在补充肌肤流失水分之余又可以收缩毛孔，减少油脂分泌。"

攻心策略

如果客户认为没效果，可能是使用方法不当。所以，销售人员应重点解释洗面奶的使用方法，保证客户洗脸方式正确无误。同时，可适时介绍其他产品，让客户获得更好的护肤体验。

利用追求个性的心理，增加客户对香水的信赖

某化妆品店里，销售人员正在协助一位女士试用一款香水，在其手腕处喷了一下，女士试用后说："这是什么香水？闻起来怪怪的！"

话术避雷区

雷区1："这种香味很特别哦。"

【点拨】尽管这种解释也可以，然而客户未必喜欢这类香水。

雷区2："香水在使用时的香味和在瓶子里的香味不太一样。"

【点拨】销售人员应在客户试用前就告知对方，使他们做好心理准备，而非事后解释。

雷区3："作为国际品牌，它的香味肯定特别一点。"

【点拨】这容易让客户产生一种被人笑话见识少的感受，从而对销售人员心生不满，增加后续销售的难度。

香水既神秘又浪漫，既高贵又不失优雅，每一个女性都希望可以拥有一款能够彰显个性的香水。

任何一款顶级香水，都有一段故事。香水的介绍必须结合品牌故事或传奇故事进行。在销售过程中，销售人员应尽可能满足客户渴望与众不同的心理需求，增加其对香水的信赖。

在客户试用香水时，必须注意以下几点。

（1）香水的体验部位尽量选择在手腕内侧。

（2）香水喷涂十分钟后的气味最为真实。

（3）为防止嗅觉混乱，无法分辨，试用的香型必须控制在少数几种以内。

一流金口才1

客户："我觉得这款香水没什么作用，气味太淡了！"

销售人员："这款香水是淡香水，有着干净、清爽的气味，以恋爱为主题，象征着爱情最纯真的一面——全身心的投入，不计回报。"

▌▌▌ 攻心策略

销售人员向客户介绍使用香水的体验时，要营造浪漫、甜蜜的气氛，引导客户利用香水想象自己的爱情，激发购买欲。

一流金口才2

客户："我觉得好高调哦，气味有点浓了吧！"

销售人员："您好，初次使用这款香水时，确实有点浓。不过，这款香水是玫瑰香型的。您身上流露着浪漫的气质，想必也是向往浪漫爱情的。我们这款香水的主题是为爱无私奉献，既然是彰显爱情的香水，就必须够独特、浓烈，让您的魅力不可抵挡。香味在几分钟后会慢慢散发开来，到时的香味就最合适不过了。"

▌▌▌ 攻心策略

销售人员以客户性格为出发点，掌握客户利益点，结合香水使用技巧改变客户认为气味太浓的想法。

 将特点转化为使用好处，引导客户体验产品

某化妆品店里，一位女士将一款爽肤水的试用装滴在手

心，用手心温热爽肤水，然后将温热过后的爽肤水涂抹在脸部，过了一会说："这款爽肤水在我脸上又热又辣，是纯天然的吗？"

雷区1："您可以看产品说明书啊，是纯天然的！"

【点拨】让客户看说明书的销售人员最容易使客户反感。

雷区2："脸上又热又辣，就是产品在发挥作用了！"

【点拨】应付式的回答无法彻底解释问题、消除客户疑虑，只会使客户觉得产品质量不可信。

雷区3："不好意思，这种反应是正常的，我忘记提前告诉您了。"

【点拨】在客户体验后再道歉已经没有任何意义，客户只会认为销售人员为了交易而刻意隐瞒事实。

为了使产品特点能够转化为客户利益，销售人员应引导客户进行产品体验。如产品的卖点就是纯天然配方，客户使用后获得良好体验，就是产品为他们带来的价值。如果客户认为产品很普通，而且使用效果不好时，自然就会产生质疑。

在这种情况下，我们应由两个方面入手去说明爽肤水的质量：一方面，以产品说明书或者推广资料等作为天然配方的证明；另一方面，从专业的视角探讨客户为什么会产生不良体验，使其能够消除对产品成分的疑虑。向客户解释时，销售人员应表现出对产品质量的百分百信任，这样才能取得客户的认可。

一流金口才1

销售人员："是的，部分客户在第一次试用时也提出这种疑问。

不过，这是产品成分在对毛孔进行清洁、消炎和收缩，是在发挥效用，多用几次就不会再出现这种感觉了。您仔细感受一下，是不是觉得自己的肌肤变得更光滑、水润了？您在镜子中细细端详一下自己，镜子里面的美女是不是皮肤细嫩、充满光泽啊？"

攻心策略

销售人员在客户试用产品时提前将产品使用感受告知对方，并让客户体验使用产品后的肌肤变化，以此解决客户心中的疑问。

一流金口才2

销售人员："您好，您一问这话就觉得您特别专业。您是怕这款爽肤水的成分里有酒精，对吗？是这样的，爽肤水带有酒精成分的话，的确会刺激我们的肌肤，不过酒精味是可以轻松识别出来的。您看，我们这款爽肤水以金缕梅、薰衣草为主要成分，只有淡淡的植物香味，完全没有酒精味，而且这种植物配方有助于肌肤的消炎和毛孔收缩。如今正值换季，使用护肤品时的皮肤敏感度高于其他季节，所以，您使用后感觉脸上有种轻微的刺激感纯属正常反应，做好护肤后将不会再出现这种情况。您用这款爽肤水是再合适不过了！"

攻心策略

我们先赞美对方一番，接着从季节、气候和产品成分入手，向客户解释缘由，消除其对产品质量的质疑。

 让客户放下戒备，其才会试用产品

某化妆品店内，销售人员正在劝说一位女士试用一款 BB 霜，但是这位女士不愿意试用。

雷区 1："好吧，您不想试就不试了。"

【点拨】表面上尊重客户想法，其实是销售能力弱的一种反映。

雷区 2："哦，那好吧!"

【点拨】如此回答只会加强客户离店的决心，导致销售失败。

雷区 3："您要不要试一下？反正是免费的，不要钱!"

【点拨】若客户对试用产品不感兴趣，哪怕是免费试用，也无法激发他们的兴趣。

如果客户不肯试用产品，多数是因为不信任，也不了解自己适合什么产品。而且，客户也可能存在两个担心：一是担心试用产品后被强迫消费；二是不想在大庭广众之下试用产品。

针对此类客户，销售人员不应亦步亦趋，而是应先与他们闲聊一会，掌握他们以往使用什么产品和产品使用心得等。待客户放松心情后，再引导客户进入试用环节，并针对客户疑虑适当解释和说明，提高客户试用产品的信心，增加成交的可能性。

销售人员在引导不同的客户进行产品体验时，采用的说服技巧也应有所不同。

（1）对待怕麻烦的客户，应突出快和迅速的重要性："若产品不适合您，导致肌肤出问题就不容易解决了。"

（2）对待担心不卫生的客户，应突出产品的可靠性和安全性："别担心，就算您用手来试用，效果也是能够看得见的。"

（3）对待没考虑好的客户，应肯定客户想法："是的，买护肤品肯定得仔细了，最好都试过了再决定，这样肯定不会错。"

（4）对待怕被强迫购买的客户，应突出安全感："您先试用后，再决定要不要购买。购买权掌握在您的手里，我们店从来不会强迫客户消费的。"

一流金口才 1

客户："不用了，这里人来人往的，挺失礼的。"

销售人员："我们化妆时确实都不想让其他人看到，特别是在异性面前。还好，今天我们店里来的都是美女，都是像您一样美丽的女孩子。这样，您跟我来，这边比较靠里，不会让人注意到。您化好妆再出来，怎么样？"

攻心策略

一些客户认为在公共场所化妆是件很难为情的事，销售人员应尊重此类客户，尽量将客户安排在比较隐蔽的位置去试用产品。

一流金口才 2

客户："要不算了吧，我都不知道买不买！"

销售人员："您好，您是不是误会了？我没有强迫您消费的意思，只是让您先试用一下，因为实践是检验真理的唯一标准嘛。试过了，您才知道好不好。如果您认为好用，那您可以放心购买；如果您认为效果不好，您可以向我们反馈，指出有哪些不足，以便我们后续改正。"

攻心策略

如果客户担心被强迫消费，销售人员应给予客户足够的安全感，让她们知道不会被强迫消费。唯有如此，才能够引导客户试用产品，为促成交易埋下伏笔。

一流金口才 3

客户："试用产品？算了，我觉得挺麻烦的！"

销售人员："简单、便捷是我们这款产品最特别的地方，在任何

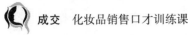

场合都能够助您轻松补妆。相信您试用一下，就可以完全体会到我所说的。您只需要给我几分钟，我就能够让您的妆容更加精致，怎么会麻烦呢?"

▌▌▌▌ 攻心策略

若客户表示试用产品太麻烦，销售人员应对使用简单、快捷的产品特点进行强调，指出客户只需要等待几分钟即可。

一流金口才4

客户:"我觉得算了吧，那么多人都用过你们的产品试用装，挺不卫生的。"

销售人员:"您和我们想到一起去了。我们也关注到试用品的卫生问题，每天会定期消毒产品，两个月全更换一次所有试用品，哪怕没用完也会停止使用。而且，我们每天都会更换小棉签、化妆棉。您看，这套试用装也是前两天拆开的，您不用担心卫生问题。若您还是担心的话，不如在您手上试用，产品的效果一样看得见!"

▌▌▌▌ 攻心策略

如果客户认为试用装不卫生，那销售人员应当从产品试用装的定期更新和安全可靠的特点入手，尽可能解答客户的疑问。如果客户还是拒绝试用，那么销售人员必须找到客户拒绝的原因，并采取其他应对策略。

 掌握客户的喜好，增加产品被试用的可能

某化妆品店里，一位女士在展架前看了很久，拿着几种不同的化妆品不时对照。

雷区1："要不您先体验一下我们的产品？我给您化个妆，无偿的。"

【点拨】在不知道客户需要购买什么的情况下，就直接进入产品体验环节，哪怕客户愿意体验，也未必可以促成交易。

雷区2："本店有试用装，如果您感兴趣的话，不妨试一试。"

【点拨】这种推荐太简单，无法激起客户试用的兴趣，应先介绍产品的作用和功效才对。

雷区3："您不如试下这款口红，本店新款哦！"

【点拨】很难激发客户试用的欲望，毕竟客户没有理由一定要试。

行家如是说

产品小样以及试用装的推出是便于客户试用，所以，一般化妆品店都配备小样。若客户对某一产品特别钟情，那么他们会主动要求体验产品功效。在这种情况下，销售人员应迅速拿出试用装，防止客户等得太久而改变想法。销售人员必须以最专业的上妆方式加强客户对产品的体验，既肯定客户目光独到，又证明产品价值。

如果客户没有明显的购买需求，销售人员可利用客户对产品的体验激发客户需求。要想引导客户体验产品，销售人员在介绍时必须做好以下几个方面：第一，向客户解释产品的使用价值与功效；第二，强调试用即可发现产品的优缺点；第三，对产品自信，相信自己的专业；第四，告诉客户购买权在他们手上，自己不会强迫客户购买，让客户大可以放心。

那么，要想增加客户试用产品的概率，就必须从以下几点做起。

（1）以自信、富有感染力的语气与客户交流。

（2）自己认可产品，并取得客户的认可。

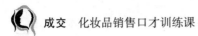

（3）突出试用的重要性。

（4）事前告知客户"产品颜色效果与实际效果可能多少有出入"。

（5）客户试用产品必须控制在3次以内，反之就会增加客户的选择难度。

一流金口才1

销售人员："您好，您一直将这几支口红拿在手里，想必是很中意吧？您对哪个颜色特别喜爱？不妨都试一下，通过对比找到最喜欢的那个。"

攻心策略

销售人员在仔细留意客户言谈举止后，应掌握客户喜好，接着引导客户试用产品。此话术一般应用于对产品感兴趣，但护肤要求又不明确的客户。

一流金口才2

销售人员："您好，从视觉的角度来说，指甲油的色板色与实际可能有一点偏差，同时拿这么多的话，更难以抉择了。我认为您先试用比较好，通过对比找到最适合自己的那一款。您要是信得过我，就给我3分钟的时间，我会让您的纤纤玉手变得更美！"

攻心策略

有时候，销售人员发现客户净挑些不适合自己的产品又不好直接表明时，就可以委婉地以让客户试用的方式，协助其找到与自己需求最匹配的产品。

一流金口才3

销售人员："您好，您太有眼光了！这是本店新出的口红，与您这种青春有活力的女生最匹配了。您的皮肤又白又嫩，使用这款粉橘色口红更能衬托出您肌肤如雪，俏皮中不失可爱。要不，您先试用一下我们的产品，亲自体验一番如何?"

 攻心策略

如果客户选中某一款商品，则反映了其购买意向十分明显，所以，销售人员只需要将该款式产品的使用功效和特点详细告知客户，并引导其试用，使交易成功的可能性增大。

建议客户接受皮肤测试，增加销售成功的概率

一位女士来到一家化妆品店，销售人员快步迎上前去，面带微笑打招呼。经交流后得知这位女士想买化妆品，却不知道自己的皮肤类型。

雷区1："您好，一看您这皮肤就是油性的!"

【点拨】没有经过测试，就一口认定客户的皮肤类型，容易判断错误。

雷区2："您好，请问您是敏感性皮肤吗?"

【点拨】如此直接地问客户，容易让客户产生不悦的情绪，并影响到后续销售，所以向客户提问前应做个铺垫。

雷区3："您好，让我们测试一下您的皮肤如何，免费的哦。"

【点拨】没有解释客户进行皮肤测试有什么好处，所以被对方拒绝就是情理之中了。

护肤的首要原则就是护肤品与自己的肤质一致。若销售人员一接

待客户就直接进行产品介绍，容易让客户产生抵触心理，不过若是委婉一点，先建议客户接受皮肤测试，使客户对自己的肤质有更深的认识，知道什么产品适合自己，就能够增加销售成功的概率。

要想客户同意测试皮肤，销售人员就需要表现出自己专业的一面和解决客户问题的热情。若销售人员可以迅速判断客户肤质，并将一些护肤小知识及时传递给客户，就能够取得客户信任，使其愿意接受销售人员的建议。销售人员接着提出测试皮肤的请求，客户通常都会答应的。

销售人员应根据下面几个特点去分析客户的皮肤类型。

（1）中性皮肤。

皮肤表面质地均匀，纹理清晰，毛孔不大，光泽度优，肌肤状况稳定。

（2）混合型皮肤。

面部 T 区呈现油性特点，其他部位呈现出干性特点。

（3）干性皮肤。

皮肤光泽度不够、分泌油脂少，皮肤干燥，冬天经常起皮和干裂。

（4）敏感性皮肤。

皮肤薄，容易看出毛细血管来。

（5）油性皮肤。

分泌过多的油脂，毛孔粗，容易堵塞并滋生粉刺。

一流金口才 1

销售人员："您好，看来您想了解有关美容护肤的知识啊！我们在购买护肤品时，首先要了解自己的肤质，这一点特别重要。只有如此，我们才能有针对性地选择护肤品。这不，我们店配置了当下最先进的皮肤测试仪，您可以体验一下我们的皮肤测试效果。测试是完全免费的，而且不会耽误您过多的时间，只需要 2 分钟，您就能够知道自己属于什么肤质了。请来这边坐一下，我们立刻为您测试皮肤。"

攻心策略

销售人员先仔细观察客户，知道客户有进一步了解美容护肤知识的兴趣后，马上向对方解释掌握自己肤质状况的重要性；接着顺水推舟，引导客户接受皮肤测试；之后再介绍产品就是水到渠成的事了。

一流金口才 2

销售人员："您好，我看到您的毛细血管了，连血丝都看得比较清楚，这说明您的皮肤特别薄。按照我的工作经验，您属于敏感性皮肤。在日常使用化妆品的过程中，您的肌肤一碰到东西就常常出现过敏的情况，对吗？"

客户："是的，我用化妆品的话皮肤会过敏，哪怕碰到花粉之类的粉状物也常常出现过敏的情况。"

销售人员："那么，您在购买化妆品的时候必须小心谨慎一些，尽量使用纯天然配方或者抗过敏的产品。您看，我们这款产品就很不错，是为敏感性肌肤客户量身定制的，既可以滋润肌肤，又能够修复肌肤。您先试用一下，感受一下我们产品有别于其他产品的地方，好吗？"

攻心策略

销售人员初步观察客户，并判断出客户肤质后，利用与客户的交流肯定自己的判断；接着，销售人员就从客户的肌肤特点入手，自然地引导客户进入产品试用环节。

 运用专业知识，改变对口红掉色的错误认识

一位女士正在试用一款口红，边照镜子边问销售人员：

"这款口红颜色看上去还行，时间长了是不是容易掉色?"

雷区1："这样的价格，有这种效果已经不错了。"

【点拨】 这种解释就等于说客户贪图便宜，容易让客户以为自己被销售人员看不起，继而产生不悦的情绪。

雷区2："口红掉颜色不是正常的吗? 您时不时补下色就可以了。"

【点拨】 容易让客户认为使用产品太麻烦了，动不动还要补色，如此一来客户购买的可能性就更低了。

嘴唇是脸部最需要使用彩妆的部位之一，因此口红也就成为最受欢迎的彩妆产品之一。不少女性为了能够满足随时补妆的需求，在出门时通常都会带上口红。

不少口红都具有容易掉色以及不持久的缺陷，因此，市面上大部分商家都以口红不掉色为产品的重要卖点。在评估口红质量的优劣时，客户也常常以口红是否掉色为依据之一。

销售人员应改变客户认为"掉色的口红质量不好"的错误认识，从如何正确使用口红、长期使用彩妆对人体的危害、及时补妆以及搭配润唇膏使用等角度给予详细解释。

下面就是销售人员引导客户试用口红系列产品的销售技巧。

（1）突出产品配方很安全等特点。

（2）突出产品能持久不掉色、颜色鲜艳等长效性特点。

（3）突出产品便于随身携带、能及时补妆等便利性特点。

（4）突出产品使用后的光泽度及色彩效果等效果性特点。

（5）突出产品搭配润唇膏，可以及时补充营养并预防干裂等配套性特点。

销冠特训营

一流金口才 1

销售人员："是的，大部分口红都会出现您说的这种情况。不过，若是与润唇膏搭配使用，就能够有效防止口红出现掉色问题了。比如，我们先用润唇膏，再用口红的话，既有利于口红效果的巩固，又可以及时为嘴唇补充营养，防止嘴唇出现干裂的情况。您看，我们这款润唇膏是抹茶味的，价格特别实惠，而且，这个系列的润唇膏还有椰子味、薄荷味以及香梨味等，不知道您对哪种味道更感兴趣呢？"

攻心策略

销售人员为客户解决口红掉色问题时，适时将其他关联产品介绍给客户，如此一来，既可以顺利解决口红掉色问题，又可以让客户容易接受介绍关联产品。

一流金口才 2

销售人员："您好，您说得很对！我们这款口红能够及时为嘴唇补充水分，有着相当高的光泽度，但也有客户反映容易掉色，持久性不足。事实上，这款口红有着 3 小时的自然附着时间，能够满足现代女性的使用需求。正常来说，我们女孩子大概是每隔 2~3 小时就会使用口红 1 次，就餐前会擦掉口红。若一味地强调不掉色，难免让客户忘记在用餐前擦掉口红的良好习惯，继而误食口红，长此以往就会危害人的身体健康。因此，我们的产品卖点是安全、方便，及时补充营养，让嘴唇更有光泽，而不是不掉色！"

攻心策略

销售人员通过女性的口红使用习惯去解决为什么设计这样的产品，接着将话题从使用习惯往解决客户疑虑的方面转移，突出口红的卖点。

分享减肥的困难，引导客户试用减肥产品

实战片段

销售人员正在向一位女士介绍纤体霜，这位女士问："使用你们这款纤体霜需要节食吗？停用后会不会反弹？"

话术避雷区

雷区1："人与人的情况不一样，使用效果也不一样，您得试过才知道。"

【点拨】虽然销售人员说的没错，不过客户未必想听，若客户不知道使用后效果如何，又怎么会购买产品呢？

雷区2："就算停用也不会出现反弹的情况，您大可放心，不用节食。"

【点拨】只是重述客户的话，缺少事实根据，如何取得客户的信任？

雷区3："不用运动、不用节食、不会反弹，广告上都说了。"

【点拨】如果客户是冲着广告来到店里的话，而销售人员再如此敷衍，难免会让客户质疑产品，认为产品效果未必和广告宣传的效果一样。

行家如是说

在减肥的问题上，女性常常存在很强的执念，尤其是对部分身体偏肥胖型的女性而言。哪怕减肥困难重重，她们也不会为此而放弃减肥的想法。哪怕她们知道，减肥的过程是漫长的、痛苦的，必须持之以恒，她们还是相信能够通过某一种产品达到减肥的目的。

所以，不少减肥产品的卖点都集中在功效这一方面，而几乎所有的销售人员也都是以强调减肥功效为销售手段。不过，客户不一定会认可产品并购买，毕竟她们在减肥的路上可能也试过不少产品，那些所谓的承诺也听了不少。所以，要想促成交易，增加销售的成功概率，就需要与客户分享减肥的困难性。如果销售人员有过减肥经验并主动与客户分享、探讨的话，成交的可能性更大。

销售人员可根据以下技巧引导客户试用产品。

（1）体验时应针对容易堆积脂肪的部位，如腹部和臀部等。

（2）将不用节食的原因告诉客户。

（3）对客户强调循序渐进减肥的重要性。

（4）提醒客户应养成健康的饮食习惯和生活习惯，而非盲目依赖减肥产品。

（5）和客户分享自己在减肥中的经验和教训。

一流金口才 1

销售人员："您好，看来您在减肥方面积累了不少经验，一问就问到点子上了。事实上，我自己在减肥上也是吃尽了苦头，尝试了不少品牌。我们品牌成功研发出这款产品并推向市场后，我已经首先试用了，因为我迫不及待地想减肥成功。没想到短短 3 个月，我 120 斤的体重就轻松减到 98 斤，我的腰围原先是 75 厘米的，现在减到了 62 厘米。您看我身高 165 厘米，95 斤的体重是相当标准了。所以，从我身上，您也可以看到减肥效果了。"

攻心策略

对于想减肥的女性客户来说，她们特别想知道别人是怎么减肥成功的，如果减肥的成功案例发生在自己身上就更好了。因此，销售人员通过与客户分享自己的减肥经验，可以迅速扫除客户疑虑，取得客户信任。

一流金口才 2

销售人员："您说得对，我们这款纤体霜的最大卖点就是不用节食。您看，我们这款纤体霜是以皮下脂肪为对象，能够迅速分解体内多余脂肪。因此，如果您的体重最近并没有明显提升的话，不用节食。如果您的体重处于比较理想的状态时，只要没有暴饮暴食，体重是不会反弹的。如果您在使用产品的过程中保持适当运动和健康饮食的话，将会有更显著的减肥效果哦。"

▏▎▍▏ 攻心策略

销售人员将产品减肥的原理和不节食、不反弹的原因详细告知客户。此外，在运动和饮食方面也为客户提出相应的建议，如此一来更能取得客户的信任，其成功购买的可能性就更大。

 先肯定客户观点，再将影响购买的因素排序

化妆品销售人员向一位女士推荐了一款化妆品套装，包括洗面奶、保湿水、乳液、日霜、晚霜、腮红、口红、唇彩、眼影、睫毛膏、指甲油、妆前乳、BB 霜、隔离霜、卸妆油。这位女士觉得这么多化妆品用起来太麻烦。

雷区 1："在您看来，漂亮重要还是麻烦重要呢？"

【点拨】作为销售人员，需要考虑的是怎样解决客户的购买疑虑，而不是反问对方。

雷区 2："这是化妆的必经过程，是不可或缺的！"

【点拨】如此回答太过消极，客户的问题还是摆在那里，未得到解决。

雷区 3："您只要保持每天起床时间较以前早十分钟就可以了！"

【点拨】这种解释和背诵广告词没什么区别，甚至会让客户产生不悦的情绪。

现代人压力大、生活节奏快，做每件事都尽可能追求便利，而便利性也是女性购买化妆品时重点考虑的因素之一。其实，一部分女性有自相矛盾的心理，虽然可以不惜一切代价只为美丽，却又认为长期使用化妆品是件很烦恼的事。所以，在接待此类客户时，销售人员需要先肯定客户的想法，然后再对影响客户购买决策的相关因素重新排序。

若客户认为效果更重要，则销售人员需要向客户解释，为了有更好的效果付出一些时间是正常的、可以接受的。若客户更加注重便利性，则可利用对比法协助客户消除使用复杂、消耗时间多的顾虑。同时，让客户知道，可以在家里边听音乐边用化妆品，放松一下紧绷的神经，让客户体验到销售人员的人性化关怀，为后续销售打下基础。

在应对客户认为"用化妆品既麻烦，又消耗太多时间"的问题时，销售人员应掌握以下销售技巧。

（1）肯定客户。

"能够理解，面对越来越快的生活节奏，我们当然想节省时间了。"

（2）重要性排序。

"在您看来，是产品功效重要，还是多花几分钟重要呢？"

（3）和客户作详细说明。

"若其他选择更好，我肯定向您介绍。"

（4）适当刺激客户。

"如果您觉得花费几分钟是件麻烦的事，估计您未来在保养皮肤时消耗的时间和精力更多。"

（5）提出建议。

"您可以边放音乐边化妆，舒缓心情，更放松哦。"

------ 销冠特训营 ------

一流金口才1

销售人员："您好，如果小的麻烦能够防止大的麻烦，那还是值得的。毕竟化妆仅仅是小麻烦，如果不用护肤品、不保养皮肤的话，将来皮肤就会给我们带来大麻烦了。若您购买我们品牌的全套产品去保养皮肤的话，每次约需要 20 分钟，平均每次花费低于 15 元；若您去美容院保养皮肤，一次起码得 1 小时，平均每次花费超过 100 元。您可以对比一下，使用我们的产品更便捷！"

攻心策略

销售人员一边刺激客户消费，一边让客户了解护肤的重要性和迫切性，接着以"对比法"解决客户疑虑。

 一流金口才 2

销售人员："这么说，看来您日常生活节奏很快，工作很忙碌。若其他产品效果一样，用时更少，我会第一个向您介绍的。在'时间重要还是效果重要'的问题上，许多客户都觉得效果更重要，认为效果好的话，花费点时间是值得的，这是非常明智的，我觉得您也一样。比起其他品牌产品，我们这款产品用时更少、效果更好。作为事业型女性，您也知道化妆的重要性吧？我们化妆是为了变美，卸妆是避免皮肤不被灰尘、空气、电脑辐射以及紫外线等侵害。您要是使用这套产品，就能够及时补充肌肤流失的水分和营养。真的很值得！"

攻心策略

销售人员向客户说明介绍产品的原因，强调化妆的重要性，消除客户的顾虑。

掌握销售话术，找到客户认为合适的产品

 实 战 片 段

寄梅来到步行街上的一家化妆品店，看了很长时间也没有购买。销售人员走上前问："您好，看您挑选了这么久，有什么需要我帮忙的吗？"寄梅说："我很想买，可是我没找到适合我的产品，我想买适合我的产品。"

雷区1："您喜欢哪些产品多一点呢？"

【点拨】既然客户这么说，销售人员就应当主动出击，进行产品介绍，引导客户购买店铺产品。

雷区2："真的吗？非常感谢！"

【点拨】单单依靠热情或者兴奋是不能促成交易的，销售人员应主动询问客户需求，然后将相应的产品介绍给客户。

雷区3："那好，请随我来，先测试一下您的皮肤类型。"

【点拨】在没有任何铺垫的情况下就让客户接受皮肤测试，使客户一头雾水。

客户的这番话反映了其有着相当强烈的购买意向。所以，销售人员在接待此类客户时，必须珍惜来之不易的机会。若客户表示没有合适的，销售人员必须尽快找到客户认为合适的产品，如此一来，客户不但会爽快购买，没准还会购买其他产品。在身心完全放松的情况下，客户会将购买权交给销售人员，并购买销售人员推荐的产品。

此类客户进入店铺时，销售人员不能太激动，而是要积极与客户分享使用心得，免费为客户测试皮肤类型和状况，掌握客户购买需求。产品确定以后，迅速将客户带入试用环节，让客户体验到产品的功效和价值，激发客户的购买欲望，成交的概率就远远大于销售人员的简单介绍了。

销冠特训营

一流金口才1

销售人员："您说得好，若产品的确符合自己需求，又可以让自己时刻保持美丽动人，那就值得购买。您现在遇到的皮肤问题是什么？"

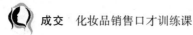

▍▍▍ 攻心策略

销售人员必须由客户遇到的皮肤问题入手，协助客户探寻到合适的产品。

━ 一流金口才 2

销售人员："我觉得您说得对，遇到喜欢的产品就应该立刻采取行动。若思前想后，容易错失机遇。对于我们女人来说，没有什么比青春岁月更宝贵的了，所以，护理皮肤很重要。那么，先让我测试一下您的皮肤，分析一下您的皮肤类型和情况，然后再给您介绍几款最适合您肤质的产品，好吗？您稍等一下，我马上准备测试工具，一分钟就知道您的皮肤情况了。"

▍▍▍ 攻心策略

销售人员先肯定客户的观点，接着通过免费测试皮肤将客户留在店内，利用进一步的交流，掌握客户的使用习惯以及购买需求。

第四章
发掘客户需求攻心话术特训

  客户的需求是深藏不露的宝藏，销售人员需要灵活运用各种方式挖掘，最终把客户自己清楚或不清楚的潜在需求都挖掘出来。俗话说得好，女为悦己者容，为了让自己显得更加美丽动人，许多女性都会定期购买化妆品。可见，要发掘客户的购买需求，首先就是要不断激发其对美的追求和向往。

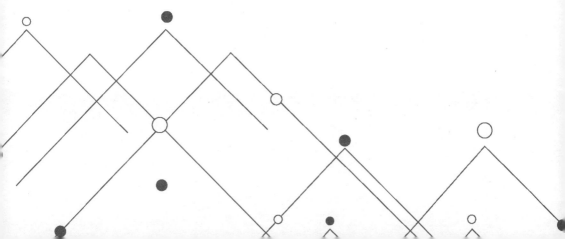

先掌握客户购买计划，再进行有针对性的销售

　　一位女士来到某化妆品专卖店，销售人员想先搞清楚她计划购买什么类型的化妆品。

　　雷区1："您好，我看您是油性皮肤哦，这次来是打算买控油护肤品吗？"

　　【点拨】 在没有完全确定客户肤质以前，不应直接判断对方的购买需求。

　　雷区2："您好，您喜欢哪一类型的香水呢？"

　　【点拨】 即使客户站在香水专区，也未必是买香水的。

　　雷区3："您好，请问这次打算买什么功效的化妆品？"

　　【点拨】 这种招呼方式让客户无从回答，毕竟问的范围太广了。客户大多只能随意应付销售人员。

　　常言道，"货卖要齐全，货卖如堆山"。许多品牌的美容化妆品品种齐全、数量庞大，既有日常护肤品和彩妆，又有部分适宜家用的美容设备。所以，销售人员在售卖时应先掌握客户计划购买的化妆品类别，只有如此才能够进行有针对性的推荐。

　　在接待进店客户时，销售人员切忌急功近利，而是要先与客户客套一番，利用交流使客户放松心情；接着，利用从大类别到小类别的产品介绍掌握客户的购买需求。在沟通期间，销售人员应根据交流内容判断客户需求，防止介绍错误，引起对方的误会，增加交易难度。

　　接待进店客户时，销售人员必须从以下的"三相"技巧去分析客户的购买需求。

第一相：仔细观察客户的谈吐气质、穿衣打扮和年龄等。

第二相：留意客户的面部表情和可能感兴趣的产品。

第三相：留意客户的一举一动、沟通语气等。

一流金口才 1

销售人员："欢迎光临！请问需要我为您做点什么呢？"

客户："我们的企业年会在下星期举行，我的化妆品快用完了，想买一些适合我皮肤的化妆品。"

销售人员："好的。美丽的妆容少不了口红、粉底、睫毛膏、腮红以及眼影等，您对哪几样感兴趣呢？"

客户："口红和粉底吧。"

销售人员："好的，我会根据您的肤质为您介绍几款不错的粉底，还有，您喜欢什么色系的口红呢？"

客户："我觉得橘色系比较好吧！"

销售人员："好的，请稍等，我现在先为您介绍口红和粉底，先选好这两样，再挑其他的，好吗？"

▌▌▌▌▌ 攻心策略

销售人员先与客户进行短暂交流，掌握其购买意向和具体需求后，再进行有针对性的介绍，为后续销售打好基础。

一流金口才 2

销售人员："欢迎光临！今天想买彩妆用品还是护肤用品呢？"

客户："现在天气干燥，我想了解下补水护肤品，我是干性皮肤。"

销售人员："若只是补充肌肤流失水分的话，可以用补水面膜、精华水或者保湿霜。"

客户："太多了，哪一种适合我用呢？"

销售人员："这具体要看您的肤质了。您是干性皮肤，水分流失较严重，而且还有一些起皮的迹象，若护理不好，冬天或许还会更严重一些。所以，按照您现在的皮肤情况，我认为您应该先用保湿霜，让肌肤得到充分的滋润，改善起皮状况，并收缩毛孔。当然，这也是我们这款产品的最大功效。"

客户："好的，相信你的推荐！我先看看保湿霜吧，给我介绍几个品牌，我看看哪款好。"

 攻心策略

销售人员以让客户二选一的方式去了解其需求，然后按照客户给出的答案发现其明确的购买类别。所以，销售人员要进一步分析客户肤质，为客户提供专业的皮肤保养方法，以顺利得到对方的认可。

了解客户关注点，分析影响购买的关键因素

一天，某化妆品店的销售人员正在接待一位上班族打扮的女士，销售人员想要了解一下影响女性购买化妆品的因素，然后实施针对性推广。

雷区1："您好，我觉得产品的效果比价格更重要，您认为呢？"

【点拨】绝大部分客户都想买到物美价廉的产品，如果产品价格太贵，超出客户可承受范围时，客户一般都会直接断了购买的念头。

雷区2："您好，在所有面霜产品中，这款面霜是最便宜的，特别实惠。"

【点拨】若客户对产品的功效和质量更加关注，销售人员的这番话是完全无法打动他们的，反而会使其认为销售人员看不起自己，觉得自己消费能力低。

雷区3："这款是国际知名品牌，是护肤领域的第一品牌，您看喜欢不？"

【点拨】客户不同，关注的重点也会有所不同。不是每一个客户都以品牌为购买的第一个考虑因素，切忌随意介绍。

大多数情况下，一些外部因素会影响到女性客户的购买意愿，形成冲动消费或者情绪化消费。品牌、价格和使用效果是女性客户选购化妆品重点考虑的三大要素，如产品的配方、便捷性、成分以及安全性等就是购买的理性要素，潮流、口碑等就是购买的感性要素，这些都会直接或间接影响客户的购买决策。

在购买化妆品时，客户的关注点有所不同，所以，销售人员应深入了解每个客户的关注点，掌握决定其购买的因素，并确定各因素的先后顺序，然后实施针对性推广。举个例子，如果客户对产品的价格比较关注，销售人员应突出产品物美价廉；如果客户关注个性，销售人员应突出产品的新潮、时尚；如果客户对品牌比较关注，销售人员应突出产品的社会声誉。

在分析影响客户购买产品的关键要素时，销售人员必须掌握以下技巧。

（1）主动与客户交流，将多个答案提供给客户，从中掌握影响客户购买的关键要素。

（2）肯定客户的眼光，并适当恭维对方。

（3）向客户解释赞美其的缘由。

一流金口才1

客户："普通的化妆品送给我，我也不接受。买化妆品，我认定国际品牌了！"

销售人员："好的，毕竟品牌象征着品位和地位，您一般用哪些品牌的化妆品呢?"

攻心策略

销售人员先肯定客户眼光并赞美对方,以此取得客户的信任和好感;然后分析客户对品牌的偏好,引导客户继续交流。

一流金口才2

销售人员:"您好,您最关注化妆品的哪一点?"

客户:"肯定是产品功效了。若产品效果差,那我们的钱就花得不值了!"

销售人员:"是的,您说得非常对!我们买化妆品是为了让自己更加美丽,当然最关注产品的使用效果了。产品价格高点无所谓,最主要是有效果,您觉得呢?"

攻心策略

不管客户的关注点在哪里,销售人员应做到以下几点:首先,肯定客户的眼光;其次,确定影响客户决策的重要因素;最后,实施针对性的产品介绍。

 ## 客户买多还是买少,主要取决于营销技巧

某化妆品店内,一位女士看中了一个品牌的化妆品,不知道是该买套装还是单品。

雷区1:"您好,您打算购买单件化妆品,还是打算购买套装呢?"

【点拨】马上让客户二选一,客户在完全不了解产品的情况下无法做出正确选择,所以销售人员应在掌握客户购买需求或意向后,再进行介绍。

雷区2:"我建议您买套装,毕竟我们的产品丰富,而且效果显著!"

【点拨】若客户原本计划购买某一件产品，不打算购买套装或其他产品的话，销售人员直接这么向客户介绍是不合理的。

雷区3："要不，您先买一瓶回家看看效果如何？您认为好用的话再整套买下来！"

【点拨】尽管销售人员这么说是为客户着想，不过一些化妆品要长期使用或者配套使用才有效果。

在购买化妆品时，我们可购买单件，也可购买套装。若客户不太了解化妆品，往往无从下手，通常依赖销售人员的推荐。换句话说，客户买不买、买多买少，主要由销售人员的营销技巧、产品功效、产品搭配性和客户自身的肌肤需求决定，而不是由客户自身的消费能力或消费心态决定。

针对客户想先买单件化妆品，觉得效果好再回来重新入手一套的情况，销售人员应将自己专业、自信的一面展现给客户，让客户心悦诚服，激发其入手一整套的兴趣。销售人员必须从客户购买套装产品后能够获得的价值入手，使产品得到客户的信任和认可。

若客户使用不同品牌的化妆品，销售人员应将一些搭配小技巧详细告知客户。

（1）尽量不要同时用多个不同品牌的化妆品。

（2）更换化妆品时，应让肌肤慢慢适应新购入的化妆品。

（3）搭配使用化妆品时，应先仔细阅读产品说明书，判断产品成分是不是互相冲突。

（4）敏感性皮肤在使用新购入的化妆品以前，必须先进行过敏测试。

一流金口才1

客户："我看你就想让我将套装产品直接买下来！"

销售人员："您好，根据您的肤质，您买下整套产品是非常必要的！您看，我们这款套装集日常清洁、保湿、补水等多种功能于一体，搭配使用将会得到更好的效果。另外，整套购买可以防止不同品牌产品一起使用出现皮肤过敏等情况，而且整套的价格比单件更优惠！一看您就是识货之人，对于这种精华套装，我相信您一定不会拒绝的！"

攻心策略

销售人员从三个不同维度分析客户购买整套化妆品将得到的价值，打动客户，接着适当恭维对方，引导对方购买。

一流金口才 2

客户："我已买了××品牌同一类型的产品，有几件和您这个套装里面的一样，我买单件好了。"

销售人员："您好，您的想法我能够理解。我们知道，不同品牌化妆品的配方也有所不同，混在一起使用的话，可能会出现过敏等现象，而且使用单件产品的效果和套装是不能比的。哪怕产品的研究思路一样，但它们的功效与配方却是互补的，只有搭配使用才可以获得显著的功效。若您购买单件，并与其他品牌产品搭配使用的话，就算没有出现皮肤过敏的情况，也可能无法取得预期效果。我们的皮肤那么珍贵，肯定不能乱搭配，我觉得，为了保证效果，您应该购买我们的套装产品。"

攻心策略

销售人员将乱用化妆品的后果详细向客户介绍，使客户不由自主地担心使用单件产品的效果，接着向其解释购买整套产品的优势，激发客户购买整套产品的欲望。

 判断客户的消费能力，推荐价格适当的产品

某化妆品专卖店内，一个女孩正在挑选化妆品，销售人

员没有贸然上前推荐，而是想办法弄清楚客户的消费能力。

雷区1："不如您直接告诉我们，您对哪种价位的化妆品感兴趣呢？"

【点拨】太过直接的问话，会让客户觉得销售人员不懂礼貌，因此与客户交流时，用词必须谨慎。

雷区2："您认为哪种价位的化妆品与您的品位最匹配呢？"

【点拨】这种问题范围太广，难以回答，销售人员应为客户提供一个适当的选择空间。

雷区3："我们这款爽肤水特别便宜，才××元。"

【点拨】这样回答会让客户认为自己被看不起，产生不悦及抵触的情绪，使后续销售难以成功。

销售人员在销售产品时，常常需要精准判断客户的消费能力。原因是，若销售人员无法精准判断客户的消费能力，就会在介绍产品时走向极端，不是将太贵的产品介绍给客户，就是将太便宜的产品介绍给客户。只有通过精准判断，才可以将价格适当的产品推荐给客户，增加成交的可能性。

在多种原因的影响下，销售人员可能无法掌握客户的实际消费能力。如一些客户比较爱面子，在购买时会夸大自己的消费能力；一些客户天性谨慎，常常会有意隐瞒自己的消费能力。若销售人员在与客户沟通的过程中难以判断他们的实际消费能力，就应当仔细地观察、分析，判断客户对价格的可承受能力，并强调产品的价值和功效，使客户知道产品有着相当高的性价比。

销售人员可通过以下技巧判断客户的实际消费能力。

（1）询问客户对产品功效与产品质量的具体要求。

（2）询问客户对产品使用方法与产品成分的具体要求。

（3）询问客户对化妆品品牌的具体要求。

（4）询问客户在产品使用场合方面的要求。

一流金口才 1

销售人员："大部分品牌都有眼霜，价格也参差不齐，您喜欢什么价位的眼霜呢？"

客户："我觉得 100～200 元的就可以了。"

销售人员："好的，这个价位能够买到质量比较好的产品了。您看啊，您的黑眼圈有点儿明显了，要不看看这几款产品，它们在淡化黑眼圈方面有非常好的功效，配方也是从植物中提取的，属于温和型的，对肌肤刺激小，特别适合您。这几款眼霜分别来自韩国、美国和中国，售价分别是×××元、×××元、×××元。我再仔细和您说说它们的不同之处吧！"

攻心策略

销售人员先与客户交流，掌握其对价位的可承受程度；然后从不同品牌和价位中选择 3 款产品向客户推荐，这些产品的价位应该都是客户可承受的；最后强调产品的功效，协助客户迅速确定目标。

一流金口才 2

销售人员："您喜欢哪种价位的产品呢？我们的彩妆套装比较多！"

客户："我不太在意价格，我在意的是产品的牌子、质量以及使用功效。"

销售人员："好的，我明白了。相信您平时对自己的妆容比较重视。可以尽量选择好一些的产品，定妆时间长，可以避免频繁补妆。您看，这些产品价格在 600～1000 元，您要看看吗？"

攻心策略

根据客户回答，销售人员通过客户的穿衣打扮和谈吐气质分析客户身份，接着按照这些信息判断客户可能感兴趣的产品和价位，最后

由客户决定购买哪一类产品。

 做服务周全的销售人员，别做夸夸其谈的"专家"

　　某化妆品店内，销售人员看一位女孩在一款面霜前停留了好久，就走了过去问她是否需要帮助，女孩说："我想看看这款面霜，这是朋友跟我推荐的。"

雷区1："是吗？我觉得这款护肤品不太适合您呢。"

　　【点拨】 销售人员的话太过无礼，说话应充分照顾客户的情绪。

　　雷区2："那您也买一套同款的试试？"

　　【点拨】 销售人员在接待进店客户的时候，太过急功近利，马上提出下单的建议，可能会激发客户的不满，导致交易失败。

　　雷区3："那么，您朋友的面霜是从我们店买的吗？是我们店的客户吗？"

　　【点拨】 一下子问客户两个问题，容易增加客户的心理压力，继而使其产生反感，不利于后续销售。

　　客户是由朋友介绍来的话，他们通常有着强烈的购买兴趣，对产品有一定的了解和信任。只要销售人员能够正确引导他们，以专业的服务态度使其信服，满足其心理期望，就可以促成交易。

　　销售人员在接待此类客户时，必须与客户的立场一致，适当赞美客户和客户朋友的眼光，不要过度卖弄个人专业知识或强行改变客户的购买意愿。如果客户认为产品符合其需求，则销售人员只需要及时引导客户购买。

销冠特训营

一流金口才1

销售人员："您好，您朋友的眼光真好！这款美白产品有利于肌肤状况的改善，功效十分显著。我们这款产品内含的××成分是从××中提取的，有着相当出色的美白效果，只是在第一次使用时，部分客户会出现过敏的现象。所以，让我先为您做个过敏测试，在手腕做就行，这个测试仅花费您10分钟时间，若没有过敏现象，您大可放心选购。下面，让我向您推荐几种常用的美白方法吧。"

▍▍▍▍ 攻心策略

首先，销售人员赞美客户朋友的眼光，毕竟客户是经由朋友介绍过来的；其次，销售人员向客户简单扼要地陈述产品的成分和使用效果，增加客户对产品的认识；最后，销售人员主动提出做过敏测试的建议，避免客户使用后出现皮肤过敏的现象，让客户切实体验到销售人员的热情服务和专业细心。

一流金口才2

销售人员："您和您朋友的眼光太好了！我们这款产品不但可以深层补水，锁住皮肤水分，持久保湿，还可以让肌肤更加紧致、光滑、弹性十足。这款产品不管什么肤质都可以使用，不会出现皮肤过敏情况，是本店的主打产品，回头客特别多。您尽管放心使用，毕竟朋友给您介绍的，肯定错不了！"

客户："好，我买一套试试。"

销售人员："好的，没问题。我先给您包起来，您用得好的话，记得向身边的朋友多介绍我们产品哦！"

▍▍▍▍ 攻心策略

销售人员在肯定并恭维客户及客户朋友的购物眼光后，简单解释产品的功效和客户的肤质特点，接着引导客户进入付款环节，最后恳请客户多向身边的朋友介绍产品。

如果客户有明确需求，就要尽可能迅速满足

莉莉刚走进化妆品店，销售人员就问她需要什么产品，莉莉说："最近皮肤有些干，有补水产品吗？"

雷区1："您好，我们店有许多类型的补水产品哦，您想看什么类型的呢？"

【点拨】销售人员必须拥有丰富的专业知识，能够及时回答客户问题，而不是将问题抛回给客户。

雷区2："我给您介绍这款吧，有着相当出色的补水效果。"

【点拨】在不清楚客户购买偏好前，不应马上向客户推荐产品，而是了解其实际需求后再进行针对性介绍。

雷区3："我觉得您应该搭配美白产品和祛斑产品使用，而不是单纯补水。"

【点拨】这种回答直接挫伤了客户的购买热情，可能让客户产生不悦的心理并迅速离店而去。

购买意向十分明确的客户，要么对品牌、价格、效果等要素有明确要求，要么只是感觉有需要，对具体的产品、价格、品牌还没有确切的想法，需要专业的销售人员从旁协助，完成购买。不管客户需求明确与否，他们都希望得到销售人员的专业服务，为其推荐匹配的产品。若销售人员冷落客户，无视其购买需求，不但会让客户产生不悦心理，也会增加销售难度。

如果客户需求明确的话，我们需要做的就是尽可能迅速地满足他们的需求。在取产品、开票、收款以及包装等流程必须做到高效迅速，不介绍客户没有购买兴趣的产品。向客户提供建议时，必须在双方交流融洽的条件下，根据客户的实际情况在适当的时候提出，避免客户觉得销售人员在强迫他们消费，让客户不满。

一流金口才 1

销售人员："进入冬天以后，我们的皮肤常常会缺水，有时还出现起皮的情况，必须及时补充水分，您对哪几个品牌比较感兴趣呢？"

客户："我想看看××品牌的补水精华，我听朋友说过，好像挺好用的。"

销售人员："是的，这个品牌的补水精华出了名的好用，特别适合我们亚洲人的皮肤，市场口碑特别好。您看，您朋友用了也说好，要不，现在给您拿一盒试试？"

客户："可以。"

销售人员："好的！如今进入冬季了，天气特别干燥，若和其他补水产品搭配使用，效果更佳哦。比如，这款产品可以和补水面膜搭配使用，每晚临睡前来一片，过一段时间，您的皮肤就会变得比以前更加饱满、水嫩哦！"

▮▮▮▮ 攻心策略

销售人员肯定并恭维客户的眼光，并以自然交流的方式留住客户，再将关联产品介绍给客户，引导客户完成购买。

一流金口才 2

销售人员："有啊，请稍等。市面上关于补水的产品比较丰富，如补水精华、爽肤水、保湿乳、保湿霜、面膜等，这些产品都有保湿补水的功效，不知道您有具体一点的想法吗？"

▮▮▮▮ 攻心策略

销售人员并未在第一时间将某一产品介绍给客户，而是与客户交流，在掌握他们的详细需求后再实施有针对性的介绍和销售活动。

通过问询、分析与判断，给客户提供合理的建议

 实 战 片 段

在一家化妆品店内，销售人员问一位女士想买什么品牌的乳液，女士说："我长期使用××牌的乳液。"

 话 术 避 雷 区

雷区1："您这样做不太好，不能长期用同一种乳液的。"

【点拨】如果销售人员在没有向客户解释为什么同一种乳液不能长期使用的情况下，直接否定对方，就会让对方反感。

雷区2："我觉得您最好换一下乳液品牌，要不我给您介绍一下？"

【点拨】贸然向客户介绍产品，目的性太强。

雷区3："可能是因为您长期用同一种产品吧，我从您的脸上看不到明显的效果。"

【点拨】如此直白的沟通方式是不可取的。销售人员应委婉地向客户解释不能长期用同一产品的原因，并介绍相应的产品。

 行 家 如 是 说

每个人的皮肤情况都有一定的差异，遇到的皮肤问题也有所不同。因此在护肤过程中，不仅需要美白、去油保湿，还需要收缩毛孔和祛斑等，若长期使用同一种产品，也许很难实现预期效果。

所以，如果客户告诉销售人员长期用一种产品时，销售人员应向客户解释，长期用同一种产品也许只能解决某一个问题，如保湿、美白或者抗皱等，不能将其他皮肤问题一并解决，因此长期用同一种产品的方法从一定程度上来看是不可取的。加上年龄的增长、季节的变化、地域的差异等因素影响，长期用同一种产品很难实现预期的护肤目标，所以销售人员在销售产品时应以客户皮肤的实际状况为主来说

服客户。

　　销售人员在接待此类客户时，首先要利用与客户的信息交流、互动机会，为客户提出合理的建议，并进行有针对性的介绍。

一流金口才 1

　　销售人员："如果您长期用同一种产品的话，说明您很信任这个品牌哦！您能说说，为什么长期使用这个品牌的乳液吗？"

　　客户："我之所以长期用这个品牌，是因为我认为它有着相当显著的美白效果。"

　　销售人员："您的想法我完全能够理解，但是随着季节变换，我们应适当更换护肤品。您看，您如今的皮肤已经非常白皙，我认为您有必要试试其他功效的护肤品。"

攻心策略

　　首先，销售人员赞扬了客户对品牌的忠诚度，而非直接否定对方；然后，销售人员恭维对方皮肤白皙，从侧面肯定了客户的使用效果，没有直接解释为什么不能长期使用同一产品；最后，在介绍产品的过程中说出建议对方更换产品的原因，更容易得到对方的认可与信赖。

一流金口才 2

　　销售人员："您认为您现在使用的护肤品效果如何？"

　　客户："我是干性皮肤，用了它之后感觉保湿效果挺好的，加上又没发现其他更合适的，就一直没换。"

　　销售人员："不少人认为，长期使用同一种护肤品有利于皮肤的保养，但是真相并非如此。若您长时间使用同一产品后，明显改善了肤质的话，应适当更换其他功效的产品，使其他皮肤问题得到进一步的改善。现在，我们针对干性皮肤研发了一款乳液产品，客户反馈特别好，要不您先试用一下？我去给您拿试用装！"

攻心策略

　　销售人员先纠正大部分人对皮肤保养的错误想法，得到客户的理

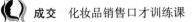

解；接着根据客户个人的皮肤情况实施针对性的产品介绍，及时引导客户进入产品体验环节。

 ## 向客户说明眼霜功效，满足其眼部护理需求

某化妆品店内，一位显得有些疲倦的女孩问销售人员："我最近老熬夜都有黑眼圈了，有改善黑眼圈的眼霜吗？"

雷区1："有啊，请随我来，这边就是眼霜产品了，请慢慢挑选！"

【点拨】 将客户带到产品区后，让客户自行选购，容易使客户认为自己被冷落，所以销售人员应按照实际情况为客户介绍产品。

雷区2："我觉得您适合用眼贴！"

【点拨】 眼霜和眼贴差之甚远，如果销售人员觉得客户适合用某款产品，就必须将具体的原因告诉客户。

雷区3："对，您的黑眼圈快赶上大熊猫了。"

【点拨】 尽管销售人员是为了调动气氛而和客户开玩笑，不过这样的玩笑不会让客户觉得有趣，反而觉得销售人员是在嘲笑其黑眼圈重。

现如今，加班成为许多上班族的"家常便饭"，熬夜更是常有的事，这些都会导致我们的眼角皱纹、黑眼圈以及眼袋等日益明显。没有哪个女人不爱美，也没有哪个女人想带着黑眼圈出门。哪怕没有黑眼圈，眼角的细纹也会让女性着急不已，迫切需要利用眼部护肤品解决这一问题。可见，眼部护理对于女性来说尤其重要。

不少眼霜产品的功效说明描述得特别具体，如淡化黑眼圈、修复

皮肤、去眼袋以及抗氧化等，然而眼霜属于功能性护肤品，要想做到面面俱到无疑是很难的。所以，销售人员应按照客户眼部情况来推荐产品。客户购买眼霜是为了及早解决问题，所以希望产品见效快，若销售人员能够在客户面前展现出专业的一面，很容易就能够打动客户并促成交易。

向客户说明眼霜功效后，销售人员应将眼霜的正确使用方法和日常保养事项详细地介绍给客户。

（1）使用眼霜前先彻底清洁脸部皮肤。

（2）取适量眼霜，均匀地涂抹在眼部周围，以指肚轻轻按摩，直到眼部皮肤发热。

（3）应坚持每天使用。

（4）及时补充维生素，多吃新鲜水果和蔬菜。

（5）保证休息和睡眠时间充足，尽量少熬夜。

一流金口才1

销售人员："您是想解决眼袋与黑眼圈问题，对吗？让我为您介绍几个功效显著的产品吧！"

攻心策略

销售人员向客户确定购买需求，然后及时回应客户的购买需求，增加客户的信任，为后续销售做铺垫。

一流金口才2

销售人员："我觉得您适合用我们这款保湿眼霜，它是国际品牌，有质量保证，而且在淡化黑眼圈方面效果显著，坚持长时间使用的话还有利于暗斑的淡化和眼部细纹的改善。您要坚持用一段时间的话，相信会有效果。您要买一盒试试吗？"

客户："真的吗？那就买一盒试一下吧。"

销售人员："那您先看看产品，我现在给您开结账单。对了，我建议您以后尽可能避免熬夜，保证休息时间充足，毕竟睡觉是最好的美容方式啊!"

客户:"这我知道,不过工作需要,熬夜是不可避免的。"

销售人员:"若您经常熬夜的话,仅使用眼霜恐怕不行。您的眼睛出现血丝、干涩的状况,脸部皮肤还有一些黄褐斑,是长期熬夜、过度疲劳所致,我建议您最好调理一下身体,提高免疫力。"

 攻心策略

销售人员根据客户肤质提供针对性介绍,迅速进入埋单环节;然后建议客户多休息,保证充足睡眠。

仔细观察并确定客户肤质,再有的放矢地介绍

 实 战 片 段

某化妆品店内,一位打扮时髦的女孩问销售人员:"我是油性皮肤,你看看用什么面膜好?"

 话 术 避 雷 区

雷区1:"我觉得您的皮肤不像油性的。"

【点拨】直接否定客户,使气氛急转直下,增加了后续销售的难度。

雷区2:"那您希望获得哪种效果呢?"

【点拨】销售人员作为专业人士,应当为客户解决问题,而不是反问客户。

雷区3:"按照您的皮肤,我认为应当先控制油脂,然后补充肌肤流失的水分,美白祛斑是最后一步。"

【点拨】客户向销售人员咨询用哪种面膜能够控油,而不是咨询皮肤护理步骤,销售人员这样回答明显是答非所问。

 行 家 如 是 说

油性皮肤容易分泌大量的油脂,让我们的脸部,尤其是"T区"

显得非常油腻光亮，而且皮肤分泌过多的油脂还会使皮肤变得异常粗糙，容易吸附灰尘，造成毛孔堵塞，产生痤疮和黑头等。对油性皮肤的客户而言，脸泛油光一般最使他们头痛不已，好像怎么洗脸上都是油油的。这种类型的客户对清洁力强的洗面奶等产品特别青睐，对祛痘产品几乎没有抵抗力。

因为面膜有着相对较强的针对性与功能性，所以销售人员应仔细观察并确定客户肤质后，再实施针对性的介绍，利用有条理的提问逐渐将客户的购买需求确定下来。提问内容首先是功能方面，如去角质、清洁、补水、美白以及保湿等；然后是成分方面，如矿物成分或者植物成分；最后是使用方式方面，如热敷、水洗、冷敷或者免洗等。此外，还应根据客户情况判断其对品牌的偏好及消费能力。

销售人员在接待油性肤质的客户时，应将一些日常护理油性皮肤的小知识介绍给客户，让客户体验到专业、热情的服务。

（1）护理皮肤时应使用适合自己的肤质的产品。

（2）洗脸时尽量保持水温在40℃上下。

（3）在清洁皮肤时以清洁力强的洗面奶为主。

（4）要定期保养皮肤，如按摩皮肤、敷面膜或者蒸汽浴面等。

（5）饮食上少吃油腻食物，多吃蔬菜水果。

一流金口才1

销售人员："您好，您的皮肤一看就是油性的，毛孔粗大，有黑头。您要想将这些皮肤问题一并解决，单单依靠面膜是无法做到的。"

客户："如果敷面膜都没效果的话，怎样才有效果？"

销售人员："我认为，要彻底解决问题，首先就必须从控油与皮肤清洁入手，搭配使用清洁能力较强的洗面奶及毛孔收缩水；然后利用美白补水面膜为肌肤补充水分，改善暗沉。我觉得您有必要购买这个套装，套装里包括三款产品加一瓶美白霜。相信您坚持使用套装将获得显著的效果，让您的肌肤更加干爽、洁净、细腻。"

攻心策略

销售人员应按照进店客户的肤质，为其介绍适合的产品，向其说明使用产品的原因和产品的使用价值，激发客户购买产品的欲望。

一流金口才2

销售人员："因为油性皮肤分泌的油脂比较多，容易造成毛孔堵塞，导致痤疮的出现。所以，护理油性皮肤的第一步就是清洁皮肤，然后补水，最后是使用美白产品。针对您的皮肤状态，我觉得您应该先补水，我给您介绍几款补水效果特好的面膜吧。"

攻心策略

销售人员先将油性皮肤的具体特点告诉客户，然后将护理油性皮肤的重点细节告知他们，再按照客户皮肤的实际情况选择适合他们的面膜介绍，有条有理的陈述更容易让客户对销售人员的专业性心悦诚服。

接待恋爱中的女性客户时，要更加关注细节

颖秀刚踏进一家化妆品店，销售人员就热情地迎上前去："小姐您好，您需要什么化妆品？"颖秀开心地说："我刚交了男朋友，想买一套彩妆产品。"

雷区1："好啊，谈恋爱了，买套好点儿的化妆品是应该的。"

【点拨】销售人员并不清楚客户的消费能力，若客户对价格的可承受价格能力有限，购买价格昂贵的化妆品会增加其经济负担，客户可能非但不买，还会抵触销售人员的服务。

雷区2："好的。请问您想买单件化妆品，还是买套装产品呢？"

【点拨】谈恋爱是件让人快乐的事情，如果客户完全感受不到销

售人员的热情，购买兴致极易下降。

雷区**3**："那您打算买什么类型的化妆品？对哪种价位比较感兴趣？对品牌的要求是什么？"

【点拨】一下子向客户提出几个问题，让客户始料不及、无从回答，容易使其产生不耐烦的情绪。

恋爱是女性购买化妆品的其中一个重要原因，哪怕过去一直没有化妆的习惯。陷入恋爱中的女性认为世界是特别美好的，看待世界的眼光都充满着喜悦与期待。当然她们也希望自己能够永远青春靓丽，被爱人捧在手心。

恋爱中的女性对细节尤其关注，同时希望他人留意自己。所以，销售人员在接待这类女性客户时更要关注细节。这些女性客户常常会流露出喜悦、羞涩、兴奋以及腼腆等情绪，销售人员必须注意到这一点，要如同相识多年的老朋友一样关心她们，发自内心地将客户当成自己的朋友或亲人。

一流金口才 1

销售人员："是吗？恭喜您！都说恋爱中的女人最好看，果然如此！您看起来真美，而且您还是素颜的，化上妆的话肯定不得了啦！您这次是想看彩妆套装，还是看单件产品？"

攻心策略

销售人员先赞美对方一番，缩短双方的距离；然后适当恭维对方，增加客户对其的信任；最后再实施针对性介绍，提高成交的可能性。

一流金口才 2

销售人员："这是一件值得高兴的事！为了让自己更美丽，挑一套好点儿的化妆品很有必要哦！来，我陪您细细挑选一下，肯定能找到一款您喜欢的彩妆产品。"

攻心策略

销售人员没有马上介绍产品，而是如同朋友般先寒暄一番，以富有感染力的语言分享对方的喜悦，营造一种亲切、舒适的购买气氛，为后续销售打下基础。

为客户介绍防晒产品，提供专业、亲切的服务

某化妆品专卖店内，销售人员问一位女士需要什么产品，女士说："我要去海边玩几天，哪种产品防晒效果好？"

------ 话 术 避 雷 区 ------

雷区 1："出门旅游的话，我推荐这款，SPF50，PA+++，旅游用最合适不过了。"

【点拨】这种回答的确专业，但有些客户对专业术语并不了解。

雷区 2："我们公司推出的××产品在防晒方面效果显著哦。"

【点拨】这种介绍可能不被客户认可，还可能会使其认为销售人员在"自吹自擂"。

雷区 3："我们这款产品有着特别好的防晒功效。"

【点拨】不了解客户具体需求，盲目介绍，使得客户不知道该如何分辨优劣。

客户购买防晒产品是因为出门旅游，反映了其有着强烈的购买意愿。尽管客户确实存在购买需求，但销售人员也需要提供专业服务，向客户详细介绍产品使用方法以及防晒小知识。对于此类客户来说，销售人员的专业和亲切是他们最看重的。

要为客户找到理想的防晒产品，销售人员就需要掌握客户的外出

时间和旅游目的地，接着按照旅游目的地的季节、气候、阳光指数以及客户皮肤情况去推介防晒霜。同时，销售人员需要将防晒霜的使用方法和注意事项等一一告知对方，旨在使客户在旅游过程中做足防晒准备。若客户使用后认为销售人员推荐的防晒霜效果很好，他们不但会二次购买，甚至还会向身边的亲朋好友推荐。

销售人员应根据以下内容为客户介绍防晒霜的正确用法。

（1）使用防晒霜前先进行皮肤清洁以及护肤程序，补充肌肤水分。

（2）所有裸露的皮肤都要涂抹均匀。

（3）使用防晒霜的时间是出门前的30分钟。

（4）游泳前或沾水后，应及时补涂防晒霜。

（5）若长时间在室外，应按照当地阳光指数及时补涂防晒霜。

一流金口才1

销售人员："有的，我们这边有很多防晒产品。好羡慕您啊，又可以去海边度假了。海边的紫外线相当强，如果您长时间在室外的话，您有必要选择SPF30以上的防晒霜，SPF是指日光防护系数。同时，您需要考虑到防晒产品的防水和抗汗问题，我们这里的××防晒乳和××防晒乳有着相当出色的防晒效果，SPF50，夏天去海边玩的话再合适不过了，而且价格特别实惠。"

客户："我是敏感性皮肤，您觉得这两款哪一个更适合我？"

销售人员："我觉得××防晒乳适合您。它的成分是××、×××、××等，温和无刺激。使用方法和其他注意事项有……"

攻心策略

销售人员知晓客户的旅游目的地后，实施具有针对性的产品介绍，通过专业知识为客户挑选到最合适的产品，并将产品的使用方法以及其他注意事项详细告诉客户，将销售人员专业的一面更好地呈现给客户。

一流金口才 2

销售人员："您想得太周到了。夏天去海边玩建议选择 SPF50 的防晒霜。不过现在是冬天，阳光虽不像夏天那么强烈，长时间待在室外的话，也还是要做好防晒的，防止长时间被紫外线照射，SPF 为 15～20 即可。而且，您的皮肤是干性的，选择有保湿和滋润功效的防晒霜最合适了。要不，我先给您推荐几款产品吧！"

攻心策略

销售人员表扬客户的防晒意识；再按照季节、气候及客户肤质进行针对性推广，选取几款产品由客户选择。

适当恭维现代职业女性，是促成交易的有力武器

念珍刚走进一家化妆品专卖店，销售人员就热情地上前接待："小姐您好，有什么可以为您效劳的？"念珍笑着说："刚发了奖金，给自己买套化妆品。"

雷区 1："好的，请问您对哪种品牌、价位的产品比较感兴趣？"

【点拨】 一下子向客户提出几个问题，也许会使客户无法招架，难以回应。

雷区 2："恭喜啊，不知道您准备花多少奖金购买化妆品呢？"

【点拨】 发了多少奖金是客户的隐私，销售人员不应如此直白地询问对方，否则很容易使对方不满，不利于后续销售。

许多情况下，女性购买化妆品是完全不需要理由的。若客户对销售人员说，"我刚得到一笔奖金，准备买化妆品犒劳犒劳自己"，无疑

是在向销售人员透露这样一种信息：该客户可能是职业女性，工作敬业；可能偏向理性，在购买化妆品时需要给自己一个理由；消费能力可能比较强，对中低端化妆品可能不太感兴趣。

此类客户在工作上积极，在生活上比较感性，哪怕她们表面上很严肃，但骨子里依然是一个渴望得到照顾的人。适当恭维对方是攻破此类客户心理防线的最好方法。只要是女性，不论其职业、年龄、偏好是什么，夸奖都是促成交易的有力武器。

一流金口才1

销售人员："真的是天道酬勤啊，恭喜您！既然得到一笔奖金，购买化妆品用来作为对自己的奖励，这个选择特别明智啊。唯有如此，才可以继续激励自己勇往直前不是吗？说到奖励自己，我认为您这次应该选择一些您没用过的产品，您觉得呢？"

攻心策略

销售人员先由衷地恭喜客户得到奖金，拉近双方的距离；然后将专业的意见提供给客户，为客户创造一定的选择空间，让她自行选择。

一流金口才2

销售人员："忙碌的工作终于告一段落，我们的确需要好好保养一下皮肤了，让皮肤重新焕发活力。我们这个品牌的系列产品特别好，可以修复由于疲劳或长期熬夜而造成的皮肤衰老。这个系列产品有洗面奶、面膜、眼霜、爽肤水、精华液以及日霜、晚霜等，这些产品搭配使用的话有利于皱纹的淡化，可以让肌肤更加紧致。最重要的是，这套产品是为我们亚洲女性量身定制的，功效显著，特别符合您现在的需求。"

攻心策略

销售人员向客户说明为什么要加强肌肤保养，并按照客户的皮肤情况进行针对性介绍，取得客户的信任。

为给妻子买礼物的客户介绍最具价值的产品

 实 战 片 段

在一家化妆品店内，销售人员看到一位男性在柜台前看了很久，就主动走上去问他是否需要帮助。这位男士说："我老婆要过生日了，我想送她一套化妆品。"

 话 术 避 雷 区

雷区1："那您对哪种价位比较感兴趣？要贵的，还是便宜的？"

【点拨】 男性客户一般不太熟悉化妆品，销售人员这样问，客户很难解释清楚。

雷区2："要不我帮您挑选一套？"

【点拨】 别说男客户，有时候女客户都需要销售人员从旁协助挑选，所以这完全是明知故问了。

雷区3："那您妻子皮肤好吗？日常用哪些护肤品比较多，用的牌子有哪些？"

【点拨】 一下子抛出几个问题，可能会使得客户不知如何回答。

 行 家 如 是 说

在节假日送礼物给妻子的男性客户无疑非常懂得体贴另一半，他们在心理上有一定的自豪感。如果他们置身于一个全是女性的环境中时，难免有所不适，销售人员应关注到这一点，并及时消除男性客户的紧张和不适心理。

此类男性客户其实就是店铺的潜在客户。因为他们不太熟悉化妆品，所以销售人员应为他们提供优质的服务和专业的意见。在得到此类客户的信任后，他们自然会将产品选择权交到销售人员手上。

大部分男性客户对价格不太敏感，比较爱面子，所以，销售人员

在接待买礼物送给妻子的客户时，必须将最具价值的产品介绍给他们，利用专业、优质的服务，引导他们完成购买。

一流金口才1

销售人员："好的，让我来协助您选购。可以先说下您妻子的情况吗？比如她多大了、用什么品牌比较多、日常护肤有什么习惯等，您根据您的了解说一下就行。"

客户："好的，我妻子30岁出头，日常很少护肤，现在用的是×××品牌。"

销售人员："好的。按照您刚才说的，我觉得您购买这套礼盒比较好，这是国际品牌，里面有8款产品，可以满足您妻子的日常护肤需求。"

客户："我妻子一般都用×××品牌，她要是不喜欢你推荐的这个品牌怎么办？"

销售人员："您试想一下，既然是选生日礼物，肯定是选最好的了。您妻子本身就用那个牌子，您还买一样的，那和她自己买就没区别了，会显得您诚意不足。买更好的产品才可以凸显出您对她的爱，还可以给她一个意外惊喜，多好！"

▌▌▌▌ 攻心策略

销售人员先与客户沟通，掌握客户妻子的具体情况，然后将适当的选购建议提供给客户。如果客户不接受，则从感性的角度解决客户问题，引导交易顺利完成。

一流金口才2

销售人员："您这么体贴，做您妻子真幸福！您们平日想必很恩爱，我觉得您必须选一套比较个性的产品，才可以将您的诚意更好地表现出来！"

客户："是的。"

销售人员："这款×××品牌礼盒装是我们节日限量版的。您看，它

123

的包装也特别精致，可以对皮肤暗沉、受损等进行及时修复，最适合送给妻子了。若您想让您的妻子更加美丽动人的话，就不能不考虑这个套装产品了！"

 攻心策略

销售人员和客户进行一番交流后，开始进入主题，在产品介绍中向客户解释购买这款产品能够得到哪些价值，增加客户购买的动力。

 深入了解代买对象的情况，替客户思考周全

------------------- **实 战 片 段** -------------------

一天午后，一位女士走进一家化妆品店，对销售人员说："这里有染发产品吗？我想给我妈买。"

------------------- **话 术 避 雷 区** -------------------

雷区1："有啊，您看这个品牌就很不错！"

【点拨】 任何人接受新鲜事物都需要一个过程，客户也同样如此，销售人员在客户完全不了解产品的情况下就向客户介绍，未必会得到对方的信任。

雷区2："送给妈妈的话，必须买最贵的那种。"

【点拨】 贵的未必就好，送给妈妈的产品，效果更重要，若是把"最贵"改成"最好"，则更容易让客户接受。

雷区3："这款染发剂每支××元，您打算买多少支？"

【点拨】 销售人员这样回应客户未免过于冷漠，而且并未及时满足客户的情感诉求，可能使客户产生不悦心理，甚至因此打消购买产品的念头。

 行 家 如 是 说

不是每一个进店客户都是为自己购买产品而来的，有时候是想送

给身边的亲朋好友。若销售人员发现客户选购的化妆品不适用其皮肤情况，销售人员应及时主动询问，了解客户的购买需求，防止出现不必要的误会。针对客户买染发剂给妈妈的行为，销售人员需要适当夸奖对方。

客户购买产品是给妈妈的，所以他们会谨慎选择，对产品的作用、价位、品牌以及口碑等因素进行全方位分析，尤其关注产品的安全性及可靠性。因此，销售人员应深入了解送礼对象或者代买对象的实际情况，替客户思考周全，推荐最适合的产品。

接待买产品给妈妈或其他长辈的客户，销售人员需要掌握以下销售技巧。

（1）赞扬客户的孝心。

（2）深入了解使用对象的具体情况。

（3）根据客户要求进行针对性推荐。

一流金口才1

销售人员："看您这么孝顺，无论如何我都会为您挑选到最适合您妈妈的产品！您能说下您妈妈的年龄和头发情况吗?"

客户："我妈妈快50岁了，有一点白发，是最近才长出来的。"

销售人员："明白了。我觉得我们店有两个品牌都很适合您妈妈使用，都是进口的，价格略高，不过质量有保障哦!"

客户："是吗? 但我听说××好像也挺好的。"

销售人员："我觉得可能您不太了解这一类产品。电视台在前一段时间就报道了××产品的成分情况，产品里含有化学成分，因此那款产品现在已经全面下架了。要不您先了解一下我刚说的这两个品牌吧，这两个品牌的市场反应特别好。您想啊，买给妈妈用的东西，安全必须是排在第一位的，您宁愿多花一点钱，也不想买到假冒伪劣产品，对吧?"

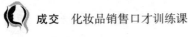

攻心策略

销售人员先收集使用者信息，按照客户需求，实施针对性介绍。如果客户不信任，则销售人员可利用官方报道、数据进行说明，强调产品有质量保障，激发客户购买产品的兴趣。

一流金口才 2

销售人员："一看您就是有孝心的人！买给妈妈的话，必须买最好的。我觉得×××品牌最好了，产品质量有保障，安全可靠。最重要的是染色效果相当显著，不容易褪色，您妈妈一定会喜欢的。"

攻心策略

如果与客户交流融洽，则先确定客户需求，接着按照客户需求进行产品介绍，利用产品质量有保障与安全性强攻破客户的心理防线。

 ## 确定客户购买时间，引导客户及时完成交易

某化妆品店内，销售人员正在给一位女孩介绍店里的几款面膜，女孩说："我先看看，等发了工资再买。"

雷区 1："您发工资的日期是什么时候？"

【点拨】销售人员不应该如此问客户，毕竟这是客户的隐私。客户不但会拒绝回答，甚至会觉得销售人员连基本的礼数都不懂，进而抵触选购本店产品。

雷区 2："这么好的产品，为什么要发工资才买呢？"

【点拨】如此回应客户，会降低客户购买的兴趣和欲望，有害无益。

确定客户的购买时间至关重要，不过，必须在适当的时候才可以

与客户确认。如果销售人员在接待客户时马上询问客户"您现在买吗",则显得目的性太强,恐怕会适得其反。其实,客户之所以说"等发了工资再买",可能是不想销售人员过度热情,使其盛情难却,也可能是出于自我保护,防止销售人员强迫其消费。

销售人员要协助客户完成购买,就必须找到与客户需求完全相符的产品,并通过优惠券、集点、折扣以及赠品等提高产品附加值,最后再通过一定的方法与技巧提高客户的购买热情,引导客户及时下单。

一流金口才1

销售人员:"您好,您发了工资再买的话,这套产品未必还在。毕竟它是限量版的,加上卖得又好,现在仅剩几套了,估计很快就售完。您要是喜欢,就今天把它拿下吧。不然的话,等您发工资再来买,可能就没有了,早买就可以早点让自己更加美丽动人起来呀!"

攻心策略

销售人员以热销、很快售完等说法让客户产生一旦错过就可能再也没有的意识,引导客户迅速下单。

一流金口才2

销售人员:"好的,要不我先帮您预留一套,因为这款产品特别畅销,不预留的话,您下次来可能就没有了。您在单子上填上您的姓名、联系方式以及要购买的数量等相关信息。来提货时一定要带上这张单子。"

攻心策略

销售人员以为客户预留产品的方式将客户的购买日期确定下来,提高交易的成功率。

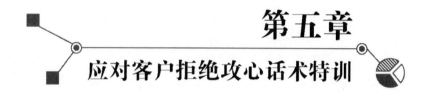

第五章
应对客户拒绝攻心话术特训

　　"销售工作是在被客户拒绝时才开始的。"优秀的销售人员要懂得，拒绝从根本上讲并不完全是拒绝，它们其实是潜在客户提出了解更多信息的要求；而他们知道如何予以应对。

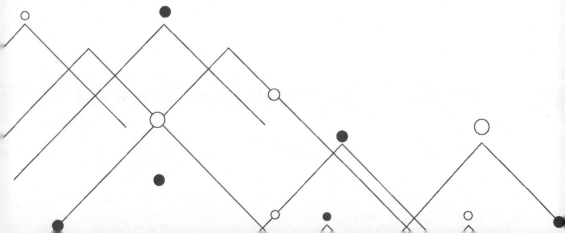

既使客户满意自己皮肤状况，也能挖掘销售机会

一位女士走进化妆品店，销售人员马上走上前去迎接。这位女士看了看柜台上的化妆品说："我的皮肤这么好，用不着买化妆品。"

雷区1："您要是不买的话，就太遗憾了，毕竟这款产品特别好。"

【点拨】在没有完全了解客户为什么这样说的时候，还是坚持说服其购买产品的话，客户购买的可能性极低。

雷区2："您应该继续保养皮肤，毕竟您的皮肤算不上很好。"

【点拨】赤裸裸地冲撞客户，只会让客户恼怒，导致其不仅不会购买产品，还会产生反感。

如果客户觉得自己皮肤很好，不必买化妆品，这并非说明客户完全没有购买化妆品的意愿。所以，销售人员在接待此类客户时，第一个应想到的是一个很满意自己皮肤状况的人和她所带来的潜在的销售机遇。

此类客户希望得到销售人员的赞美，而不是一进店就向其介绍护肤小知识。所以，销售人员应该在夸奖客户皮肤好以后，再进入销售引导环节。接待此类客户时，若销售人员一开始就与其讨论如何护理皮肤，或以嘲讽的语气与客户交流，只会让客户更快地离开店铺。

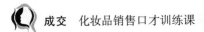

针对此类说"我不需要购买化妆品"的客户，销售人员在引导客户购买时必须遵循以下流程。

（1）对客户皮肤进行由衷地夸奖。

（2）向客户讲岁月对人的影响，保护皮肤、留住青春才是王道。并且突出皮肤会由于生活方式或环境而受损，应及早保养。

（3）适当协助客户纠正不正确的皮肤护理观念，前提是言简意赅。

（4）实施有针对性的产品介绍，引导客户及早下单。

一流金口才 1

销售人员："还别说，您的皮肤真是好到让人羡慕！但是，护肤品的主要作用是延缓皮肤衰老，而不是掩盖皮肤的不足。如今，我们的生活越来越没有规律，再加上空气中的灰尘、紫外线以及工作时长时间对着电脑等，都会影响到我们的皮肤健康。所以，保养皮肤势在必行，您皮肤这么好，更要小心护理啊！"

▐▐▐▐▐ 攻心策略

销售人员先肯定客户的观点，接着强调环境污染以及生活不规律等会使皮肤受损，向客户提出保养皮肤必须从现在做起的建议，更容易被客户接受。

一流金口才 2

销售人员："您好！您说得没错，如果皮肤好，就算不保养暂时也不会出现太大的问题。不过，您要知道，女人最大的敌人就是岁月。我像您这个年纪的时候皮肤也好，也不注重保养，但是年龄渐长以后，我才发现自己衰老的速度很快，现在特别后悔。您看，我现在一边卖化妆品，一边按时到美容院保养皮肤，就是为了让自己更年轻。所以，我建议您趁早保养皮肤，越早越好，别像我，后悔都来不及了。我们要保养皮肤，必须选择适合自己的产品，要不我为您挑选几款，好吗?"

⫿⫿⫿⫿ 攻心策略

销售人员协助客户纠正错误的护肤理念，特别是拿自己作为分析案例，更容易让客户接受。然后在此基础上实施针对性介绍，提高交易的成功概率。

 买不起并非不想买，而是希望得到更多的优惠

下班以后，妙彤来到一家化妆品店，逛了一圈后与对销售人员说："这些化妆品太贵了。"

雷区1："不会啊，您怎么看都像有钱人。"

【点拨】在客户消费能力一般的情况下，这种话存在讽刺的意味，更容易让客户误会。

雷区2："那您打算给多少钱?"

【点拨】过早与客户进入议价环节，不会为销售带来任何好处，反而让客户认为价格可以商量。

雷区3："对于我们这种国际品牌来说，这种价格已经是最低的了。"

【点拨】如此回应客户无疑是对客户的不尊重，有看不起对方的嫌疑，也会使其对品牌的印象直线下降。

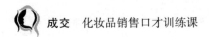

客户并未对产品的价值与作用予以否认，而是直接说自己买不起，这并非客户不想买，也许是希望得到更多的优惠。

许多国际品牌化妆品在我国的销量相当好。作为一个合格的销售人员，不能由于客户说买不起就判断客户没有消费能力，而是要用心说服客户。在说服技巧方面，销售人员可通过对比及价格分摊解决客户认为的高价问题。若客户被销售人员的诚意打动，则交易的成功率就会大大提高。

如果客户表示"买不起""太贵了"，销售人员可利用以下方法去应对。

（1）对比式。对比护肤品的购买成本与美容院保养皮肤的成本。

（2）举证式。利用客户的衣着打扮、手机或者饰物去证明客户的消费能力。

（3）价格分摊。以每日成本、每星期成本或每月成本等方式去计算化妆品成本，让客户觉得物超所值。

销冠特训营

一流金口才1

销售人员："试想一下，在皮肤出现皱纹后才去保养皮肤，得花多少钱？何不趁早保养皮肤？保养皮肤其实就是投资自己，而且回报是看得见的。当您30多岁了别人还以为您只有20多岁、50多岁了别人又以为您只有40多岁时，您就会发现，提早保养皮肤是多么重要的一件事！"

攻心策略

女性客户对年龄和外表尤其重视，因此销售人员举例说明保养的重要性，使客户更加重视。

一流金口才 2

销售人员："这得看您是从哪一方面去分析了。若无法改善皮肤状况，哪怕只花了几块钱也是贵的！若让您的皮肤更胜往日的话，花费再多也是值得的！打个比方，这款价值 300 元的面霜，起码能用 3 个月，平均下来，一天大概 3.3 元钱！但是，如果您去美容院保养皮肤的话，每次至少花费几百元。相当于一瓶产品的价格与在美容院保养一次皮肤的钱是相同的，您还认为它贵吗？如果您都不舍得投资自己，谁又会投资呢？"

▮▮▮▮ 攻心策略

销售人员利用对比与价格分摊，引导客户购买。

 让客户体验到新品牌的好处，说服客户更换品牌

慕青的隔离霜快用完了，就到家附近的一家化妆品店打算买一瓶。销售人员为其推荐了一个品牌，跟慕青原来用的不一样，她说："我目前用的这个牌子就很好，不想换来换去。"

雷区 1："我们品牌的产品功效很好，值得您试一试哦。"

【点拨】单凭这一句无法激发客户的购买欲望，必须将品牌优于其他品牌的详细原因告诉客户，才可能促成交易。

雷区 2："对不起，您误会了，我并没有让您非买我们产品不可。"

【点拨】这样的回答尽管在一定程度上能够缓解当时的购买氛围，不过会增加后续销售的难度。

雷区3:"虽然您如今用的牌子还可以,不过价格上我们更占优势。"

【点拨】尽管销售人员强调了产品的价格优势,不过具体还要看客户的关注点是否在产品价格上。

此类客户通常有着极高的品牌忠诚度。若销售人员可以说服客户更换品牌,使其体验到新品牌的好处,就能够使此类客户成为新品牌的忠实粉丝。

在接待此类客户时,销售人员首先要肯定客户正在使用的品牌,唯有如此,双方的交谈才可以继续下去。然后,为说服客户换品牌,就要为客户提供一个强大的理由,解释产品最特别的地方和可以为客户带来的价值。

一流金口才 1

销售人员:"是吗?您眼光真好,您正使用的品牌化妆品和我们一样,均是从×国进口的。不过,您如今用的牌子主要功效是美白,我们的则是补水,它们搭配使用能够互补,让您的肌肤更加白皙、滋润。"

▌▌▌▌ **攻心策略**

销售人员突出两个品牌产品的互补性,使客户在可以继续使用现有品牌之余,又能够了解新品牌的优势,这种介绍方式更容易让客户接受。

一流金口才 2

销售人员:"对于您这种追求品质生活的女士,若我们的品牌没有过人之处,我是不敢贸然向您介绍的。我们是国际知名的品牌,我现在为您介绍的这款产品是独家研发的配方，拥有很强的补水效果。您选择我们的品牌肯定不会错。"

 攻心策略

销售人员先通过品牌说服客户，接着强调品牌及产品的特点、优势，增加客户对品牌的信任度。

国外的月亮不比国内圆，打消客户不买国货的念头

实 战 片 段

梦琪想买控油面膜，销售人员给她介绍了一种国产品牌，梦琪看了一下说："我对国产品牌的化妆品没有兴趣。"

话 术 避 雷 区

雷区1："我觉得国产品牌功效很好，购买的人也不少啊。"

【点拨】 并未抓住客户关注的重点，无法增加其对品牌的信任，成功交易的概率较低。

雷区2："不少国际进口品牌的产地都在我国。"

【点拨】 哪怕是事实，这样的回答也会让客户不悦，使其觉得销售人员是为了销售产品而抬高自己的品牌，容易产生冲突。

雷区3："是吗？那您喜欢日韩品牌多一点儿，还是喜欢欧美品牌多一点儿？让我为您推荐几款好用的吧。"

【点拨】 这种回答表面上满足客户需求，实质上却是迁就客户，增加了目标销售产品成交的难度。

行 家 如 是 说

许多客户的经济收入水平比较高，紧跟时尚潮流，比较热衷西方

发达国家知名度较高的化妆品品牌，甚至有只买进口化妆品的想法。暂且不说客户是否存在消费误区，也不讨论国产品牌与进口品牌的差异，而是单从客户这种心理来说，客户这样的想法明显不利于国产品牌的销售和推广。

针对这种情况，销售人员不要马上与客户讨论对错，而是对客户追求进口品牌的观点给予支持；然后再通过客户想改善皮肤状况的意愿，以专业知识使客户相信国产品牌的质量同样让人信得过，打消客户不买国产化妆品的念头。

销冠特训营

一流金口才1

销售人员："不少客户比较青睐国际品牌，其实这是一种习惯，比方说，在早餐方面，我们中国人吃油条、豆浆，外国人则吃面包、牛奶，究竟哪个更健康、哪个更有营养，谁也说不清。而且，从生活习惯、体形、体质以及皮肤状况等各方面来说，中国人与欧美人都存在较大的差异。许多国产品牌是根据中国人的皮肤特点研发的，更适合我们中国人使用。另外。皮肤状况与我们身处的环境、饮食以及生活方式等各方面存在密切联系，所以国产品牌好还是进口品牌好，我们的皮肤最有发言权。要不我在您的手上比较一下进口品牌的产品与国产产品，您可以看一看哪个吸收得更好。"

▍▍▍ 攻心策略

销售人员先赞美对方，接着以国内外差异对比中外化妆品品牌，利用二者的不同，突出国产品牌的优势。在这期间，销售人员必须表现出对国产品牌信心十足。

一流金口才2

销售人员："我能够理解您想要保养皮肤的想法，而且我们店也在卖不少进口品牌的产品，高昂的价格可以让我们获得十分可观的利润，我大可以将这些进口品牌推荐给您。不过作为专业的销售人员，我的职业让我知道，购买化妆品时必须对功效与适应性更加关注，而非只关注品牌和价格。不少国产品牌与我们中国人的皮肤特点更加匹配。所以我认为，买化妆品不是贵的就好，而是对的才好，您说呢?"

 攻心策略

销售人员先肯定客户的观点，接着由产品适应性入手，将国产品牌的优势详细告诉客户，最后突出选购产品的基本原则，使国产品牌被更多客户认可。

进口品牌性价比更高，并不是不适合中国人皮肤

思萱想买一款晚霜，销售人员给她介绍了几种进口品牌，思萱看了一下说："这些都是大牌洋货，能适合中国人的皮肤吗?"

雷区1："其他品牌有可能，我们品牌就没有这种情况。"

【点拨】诋毁其他品牌对销售人员没有任何好处，客户是不会随随便便就相信的。

雷区2："我们的产品是为中国人量身定制的。"

【点拨】尽管这种回答解决了一部分客户的疑问，但是销售人员还应详细陈述客户购买产品能够得到什么好处。

此类客户主要有以下表现：第一，一些经济能力差的客户想通过

这个理由掩饰自己买不起的情况；第二，一些客户使用进口化妆品后效果不理想，继而排斥进口化妆品；第三，一些客户一直使用国产品牌，不想更换。

接待第一类客户，销售人员必须尽力维护客户的自尊心；接待第二类客户，销售人员应掌握其使用经验，发现问题形成的原因；接待第三类客户，销售人员应与其进行寒暄，取得对方信任后再引导对方更换品牌。若进口品牌可以满足客户的需求，他们可能会接受。

一流金口才1

销售人员："爱美是女性的天性，不少女性都以拥有我们的产品为荣。哪怕只是小小的一瓶香水，也能够让您体验到我们品牌不一样的地方。您不妨先体验一下。"

攻心策略

销售人员先向客户解释，该品牌受到许多女性客户的追捧，再引导客户试用，使其对产品产生兴趣。

一流金口才2

销售人员："您的担心我完全可以理解。毕竟您不是不喜欢进口品牌，而是害怕进口品牌的产品与我们中国人的皮肤不适用，担心不起作用，对吗？若您担心的这些问题都可以顺利解决的话，您依然会购买的，对吗？"

攻心策略

销售人员以比较婉转的方式将客户的拒绝顺利地化解为能够处理的方式，如果客户表示"对"，那么销售人员就能够向其介绍产品了。

询问退款并非关注退款，而是关注产品的功效

 实战片段

一位身穿工作制服的女孩在化妆品柜台挑了一款祛斑霜，问销售人员说："这款祛斑霜如果没有效果，你们真的能退款吗？"

 话术避雷区

雷区1："是的，您看，这些都是我们退款给客户的记录。"

【点拨】也许客户会相信销售人员的话，但是如果有许多客户都要求退款的话，客户怎么能信得过该产品呢？

雷区2："您放心，您要是质疑我们的话，可以拒绝购买，反正决定权在您手上！"

【点拨】这种回答和直接放弃可能有购买需求的客户没有区别，并未正面回答客户问题。

雷区3："您不用担心，生产厂家是这么承诺的！"

【点拨】生产厂家承诺，不是销售人员承诺，容易让客户认为万一真出了事，找生产厂家不能解决什么问题。

 行家如是说

为了刺激销售，部分功能性化妆品会向客户做出"无效退款"的承诺，并以此作为卖点。如果客户表示有异议，反映了其被产品吸引，有购买产品的可能性。若销售人员以自信、肯定的语气回答对方，多数客户一般会购买产品。

实际上，客户的关注点并非退款，而是产品功效。所以，销售人

员在回答客户问题时，不要用有关资料证明退货的真实性的方式，而是要全力证明产品功效。

要让客户打消怀疑"无效退款"承诺的念头，就必须由以下四方面入手。

（1）通过老客户反馈，提高客户对产品的信心。

（2）利用专业、细致的产品介绍提高客户对产品的信心。

（3）通过门店的声誉提高客户购买产品的信心。

一流金口才1

销售人员："您好！很少有祛斑产品敢对客户做出无效退款承诺的。所以您不必担心退款问题，购买凭证上详细注明了可能遇到的问题和退货步骤，完全真实。除了生产厂家的直接承诺，我们也是通过反复考察和市场调研才引进这个品牌的。有了我们店与生产厂家的双重保障，您不必担心功效问题。"

攻心策略

销售人员先从退款标准和退款流程解决客户疑问，接着利用生产厂家与店铺的共同承诺增加客户的信任，引导客户购买产品。

一流金口才2

销售人员："我们没有绝对的信心，又怎能向您做出这种承诺？试试就知道了！我相信您一定会满意此次购买的！"

攻心策略

销售人员通过引导客户体验，使客户完成购买。

美是需要代价的，只有定期保养才能保持好状态

在一家美容店内，翠柔听了销售人员的介绍后说："做护理太麻烦了，太费时间了。"

雷区1："您要是不注重皮肤护理的话，就很容易衰老哦！"

【点拨】所有女人都不希望别人将"老"字用到自己身上，这里不适用激将法，容易让客户反感。

雷区2："不过，它能够让您永葆青春哦！"

【点拨】应按事实说话，而非刻意夸大。

有销售人员在接待客户时，发现不少客户常常表示保养皮肤很麻烦，需要花费许多时间，原因是这些客户不了解保养皮肤能为自己带来哪些好处。所以，销售人员必须"对症下药"，迅速解决客户认为"保养皮肤太浪费时间"的问题。

接待那些确实不想护理皮肤的客户时，销售人员必须利用对产品的进一步介绍去激发客户的兴趣。在这个过程中，创造并满足客户需求就至关重要。如果客户产生需求后，还是以护理皮肤太花费时间拒绝销售人员的建议时，就需要分析客户是否存在其他顾虑了。只有找到客户的顾虑并及时化解，才可以让客户接受销售人员的建议。

接待那些不了解护理皮肤有哪些好处的客户时，销售人员应以护理皮肤的好处为重点陈述内容，如向客户讲一讲护理皮肤的小知识与

小技巧，并告诉客户只有坚持不懈才可能成功。

一流金口才 1

销售人员："您好！万事万物都有一定的规律，这个规律是我们必须遵守的，我们就是根据皮肤结构去设计保养流程的。您若想拥有一个好的肌肤，就必须了解美丽是付出一定的代价才可以实现的。作为女人，我们什么都可以赶时间，唯独美丽不可以。空出一段时间去保养皮肤，让自己慢慢地享受变美的过程，不是更好吗？"

▏▏▏▏ 攻心策略

销售人员针对皮肤护理流程的设计原理向客户详细说明，增加客户对皮肤护理的认识；接着告诉客户"美是需要代价"的，并由女人保养皮肤的重要性入手，激发客户保养皮肤的兴趣。

一流金口才 2

销售人员："您好！您的担心我能够理解。不过，要想让肌肤处于较同龄人年轻的状态，就必须定期保养皮肤。您每个月只需要专门做××次皮肤护理就可以了，时间由您定，我们全年无休，随时为您服务。我是您的专属美容师，定期提醒您过来保养皮肤、定期向您介绍护肤小技巧就是我的职责。美丽是需要我们长期用心呵护的，必须坚持保养才能有效果。"

▏▏▏▏ 攻心策略

销售人员先肯定客户的想法；接着从保养肌肤带来的好处和时间的自由安排入手，设身处地为客户着想；最后突出皮肤保养的重要性，让客户接受自己的建议。

实施差异化销售，巩固客户再次办卡的信心

一家美容院的销售人员正在向一位女士介绍本店的会员服务，这位女士说："不好意思，我已经在其他美容院办过卡了。"

雷区1："我们这里美容的功效更加显著，您应该再办一张。"

【点拨】没有向客户详细介绍在本店办卡的好处，很难得到客户的认同。

雷区2："我们店如今正在搞活动，优惠力度特别大。"

【点拨】这可能是激发客户购买的理由之一，不过销售人员应当继续向客户解释推荐其购买的原因，才可以完全激发客户购买的欲望。

如果客户表示已经在其他美容院办了会员卡时，销售人员不应直接放弃此类客户。在美的问题上，女性客户一般都舍得投资。因此，销售人员应第一时间肯定客户办卡的美容院；接着向客户介绍本店的优势，实施差异化销售；最后，为了巩固客户办卡的信心，销售人员可利用礼品赠送或者优惠折扣等刺激对方。

一流金口才1

销售人员："您好，您说的那家店我也了解一些，听说在面部补

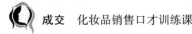

水方面效果挺好的。但是，美容作为一种追求、一种享受，要注重品位和质量。另外，美容必须与时俱进，不断推陈出新。我觉得您可以体验一下我们的美容服务，我们在不断研发更多新品和新项目，我们在面部皮肤美白方面做得特别好。"

▐▐▐▐ 攻心策略

销售人员先肯定客户办卡的美容院，然后由美容必须推陈出新的角度向客户推荐，使客户进行一番对比。

▷一流金口才 2

销售人员："没事啊，就像您平时都在一家饭店吃饭比较多，直到有一天听说另一家饭店也不错，您试过之后也会经常光顾那家店。再比如说，您已经拥有了工商银行的卡，不过招商银行的服务让您很满意，觉得高效快捷，所以您又办了一张招商银行的卡，二者并不冲突啊。所以，您今天暂且相信我们一次，我相信您试过我们的美容服务以后肯定也会成为我们店的常客。正好我们店正在搞活动，办卡免费赠送 5 次皮肤保养，优惠力度特别大！"

▐▐▐▐ 攻心策略

为了达成销售目标，销售人员运用了两个类比，并适时向客户介绍本店的优惠活动，提升客户的办卡热情。

 ## 护肤品效果不显著，是由诸多因素造成的

某化妆品专卖店内，销售人员看一位女士逛了好久也没选中合适的产品，就主动上前问她想买什么类型的产品，客户叹了口气说："我使用任何产品都没效果。"

话术避雷区

雷区 1： "会不会是您使用时间不长，长时间使用才看得到效果的。"

【点拨】 客户只是说没效果，并未解释自己使用了多久，销售人员怎能一口咬定客户用的时间不长呢？

雷区 2： "要不您试一下这款，绝对有效。"

【点拨】 这种解释太过肯定了，只会让客户觉得销售人员完全是为了推销而说的，毕竟客户说没效果，肯定是因为先前已经使用过不少其他品牌的产品了。

雷区 3： "或许您买的是便宜的产品。"

【点拨】 在不清楚客户用哪一种产品以前，怎能断下结论呢？如此回答既让客户不悦，又容易让客户反感。

行家如是说

客户之所以认为护肤品效果不显著，是由诸多因素造成的，归根结底，是因为使用效果与其心理预期不符。

（1）环境因素。

环境会让产品的使用效果受到直接影响，简单来说，这些影响因素有紫外线强度、湿度以及温度等。举个例子，在高温的环境下，客户可能会认为产品很油腻，而且湿度、温度又影响到皮肤对营养成分的吸收。在不同的紫外线强度下，美白产品的使用效果也将有所差异。此外，在不同季节，同一款产品的使用效果也会有所差异。好比说，一款护肤霜在冬季用的话，客户可能认为滋润度不够，但是，在春季、夏季或者秋季使用效果显著。

（2）个人因素。

客户的肤质、年龄和皮肤状况存在一定的差异，这就导致客户的使用效果也有所不同。举个例子，同一款美白产品，皮肤暗沉的客户使用之后，明显改善了肤色，但是皮肤白皙的客户使用以后效果不怎么显著。

（3）产品搭配因素。

在使用护肤品时，客户可能会同时使用多个品牌的产品，而不是单独使用一个品牌的产品，搭配使用会直接影响到产品的功效。

如果客户不太认可产品功效时，销售人员可根据上述三个影响因素实施全方位解释。

一流金口才1

销售人员："您好，人与人的皮肤状态与肤质都是不同的，适用的产品也不尽相同。要不，您先在我们这做个免费的皮肤测试，然后，我们根据您的肤质为您推荐几款好用的产品，让您体验一下效果，好吗？"

攻心策略

销售人员先向客户说明人与人的肤质不同，使用的产品也不同，增加客户对护肤知识的了解；接着为客户说明为什么以往使用的产品没有效果，以此取得客户的信任和认可，为后续的产品介绍和销售巩固基础。

一流金口才2

销售人员："请问您在使用护肤品时，是多个牌子搭配使用的，还是单独使用整套的呢？"

客户："我为了知道哪个品牌的效果好，都是搭配着使用的。"

销售人员："是这样的，我们的皮肤是由许多层构成的，每一层对营养水分的吸收都有所差异。一般来说，一个品牌的系列化妆品有互补的功效。因此，您最好使用整套化妆品，深层滋养每一层肌肤。"

攻心策略

客户在混搭使用护肤品时常常没有实现预期效果，如果销售人员可以根据自己的专业知识为客户解决问题，提出合理建议，协助客户找到护肤品不起作用的原因，就能够轻松取得对方的信任，促成交易。

让客户了解产品优势，没有需要也可以创造需要

 实战片段

傍晚，静曼来到一家化妆品店，销售人员介绍起店里刚到的一款面膜，静曼却表示自己以前从来没有用过面膜。

 话术避雷区

雷区1："您的皮肤要是搭配面膜使用的话，会更细嫩。"

【点拨】不单是面膜，其实面霜、精华以及乳液都能够发挥这种功效，销售人员应当强调面膜独有的好处。

雷区2："敷面膜的话，平均一天只需要几块钱而已，特别实惠。"

【点拨】若销售人员并不清楚客户为什么拒绝使用就贸然回答的话，可能会让客户心生不满。

 行家如是说

接待此类客户时，销售人员首先要做的就是引起他们的注意，由没有需要到创造需要，客户的关注点就在于自己从中得到了什么。如苹果创始人乔布斯所说："客户不清楚什么才是自己想要的。"如果销售人员可以向客户详细地陈述购买产品的好处，他们自然会想体验一番。

在客户不了解产品的功效和价值以前，他们表示拒绝是不想贸然

购买让自己后悔，这时销售人员应将有关的产品信息说得更详细一些。在这种情况下，销售人员应当真心实意地帮助对方，而不是苦口婆心地劝说。只有协助客户了解产品优势和功效后，客户才会下决心购买产品。

一流金口才 1

客户："我平时都是用基本护肤品而已，如面霜、精华以及水乳等，我觉得没有敷面膜的必要了。"

销售人员："您的想法我能够理解，过去像您这样想的客户并不少，但他们听了我们的介绍后都认为使用面膜很重要。事实上，不同产品有不同优势，就拿面膜来说吧，它在急速补水方面比其他护肤品要好，使我们的肌肤能够及时补充到充足的水分。要不，您先免费体验一次，体验以后再决定买不买，行吗？"

▌▌▌▌ 攻心策略

销售人员利用其他客户的例子去取得客户的信任，接着向客户介绍使用面膜的好处，加深客户对面膜的认识，并在适当时候为客户提供免费体验的机会。

一流金口才 2

客户："我认为面膜作用不大，很少用。"

销售人员："虽然您现在皮肤确实好，不过相信您也知道，随着年龄的增长，我们必须定期保养皮肤。您认为面膜作用不大，或许是由许多因素造成的。毕竟每个人的肤质不一样，需要的面膜也有差异，敷面膜的手法更是会直接影响到使用效果。不如，您现在先试用一下我们的面膜，一定会让您体验到不一样的地方。这款面膜是我们的护肤专家精心研制出来的，能够更深入滋润我们的肌肤，您用过后会发现肌肤的光滑度和湿润度更胜从前。"

攻心策略

客户或许是因为过去敷面膜没有达到预期效果而不再信任面膜，所以销售人员必须从使用面膜的心得和使用技巧等角度入手，一一攻克客户的心理防线，并适时提出试用建议，增加客户对面膜的信任。

利用产品差异，吸引已有同类产品的客户购买

某化妆品店内，销售人员正在向怀萍介绍一款面膜。怀萍看了一下面膜的产品说明后说："我已经买过一套类似的面膜了。"

雷区1："您可以多买一套放在家里囤着，毕竟我们每天都要用的！"

【点拨】这样的回答太过牵强，并未站在客户的立场去分析问题。客户只在有需要的时候才会购买护肤品，而不是提前买回来放在一边，这样说完全动摇不了客户的决定。

雷区2："您过去用的牌子没我们的牌子好！"

【点拨】这样回答既诋毁了客户先前使用的品牌，又等于暗示客户的选择不对。若客户很满意目前使用的品牌，则会对销售人员说的话非常反感，甚至直接离店。

雷区3："要不您看看有没有其他想买的？我们刚推出的新品口红，您有兴趣吗？"

【点拨】不了解客户需求就直接介绍别的产品，对销售没有任何好处，只会降低客户进一步了解产品的热情。

151

若销售人员将化妆品介绍给客户的时候，客户表示已购买了类似的产品，那销售人员再用力介绍，客户成功购买的概率都很低。所以，为了防止介绍类似产品，销售人员首先要掌握客户的购买需求，并在此基础上实施针对性介绍。

若客户表示对销售人员介绍的产品有一定的兴趣，那最终能否成交，就在于产品的差异了。销售人员需要在尊重客户以前使用的品牌的基础上，突出本品牌优点，强调客户体验，使其成为客户必买的理由。需要注意的是，如非必要，不得随便为客户推荐其他的产品。

销售人员必须掌握以下技巧。

（1）强调本品牌优于其他品牌的地方，出奇制胜。

（2）强调需要更换产品的原因。

（3）强调购买产品的基本原则。

（4）向客户强调"作为消耗品，多买一套以备不时之需也是可以的"，以此增加客户的安全感。

一流金口才 1

销售人员："您好，您如今用的牌子挺好的，说明您非常关注皮肤护理。我们每天都会护肤，护肤品消耗量大。我们的产品美白和抗皱效果很好。既然您今天来到这，不如买一套回去以备不时之需。"

攻心策略

销售人员夸赞客户注意护肤，然后劝说客户平时用得到并提及本品牌的优势，以此激发客户的购买兴趣。

一流金口才 2

销售人员："据我所知，您现在用的产品在市面上也很受欢迎，价格也实惠，口碑很好。但是，和我们的牙膏、牙刷一样，护肤品也要定期更换。作为国际品牌，我们的产品配方更优、效果更好，而且价格适中。您放心，我介绍给您的产品很适合您的皮肤！"

 攻心策略

销售人员先肯定客户正在使用的品牌，以此取得客户的信任和认可；接着将话题往本品牌上转移，强调本品牌产品的独特之处，提高客户的购买兴趣。

让客户重视产品作用，不再把注意力放在广告上

某化妆品店内，销售人员正在向一位家庭主妇打扮的女士介绍一款洗面乳，可这位女士觉得该品牌只是靠打广告。

雷区 1："不打广告的话，如何提高知名度？"

【点拨】虽然说的是事实，不过品牌知名度与产品的使用效果未必成正比。

雷区 2："如今还有不打广告的品牌吗？"

【点拨】如此回答客户，非但无法说服客户，还不能为销售带来任何好处，很难促成交易。

雷区 3："广告多了，知名度提升了，让您用起来倍儿有面子！"

【点拨】除非是冲动型客户，否则这样的回答很难激发对方的购买欲望，销售人员还是要从产品功效和安全性上引导客户购买。

广告的重要性不言而喻，尤其是对于新品牌或新推出的产品而言，

一条好的广告能够助其迅速进入市场，并得到消费者的认可。不过，大量的广告投入会增加产品成本，出于成本考虑，许多公司只能将广告成本往客户身上转移，导致产品价格上涨。

若详细向客户说明品牌的广告投入成本在产品销售成本中的比重，无疑是错误的。销售人员只能简明扼要地告知客户，产品的营销离不开广告，同时也会保证产品的功效与安全性。唯有如此，才可以将客户关注点从广告上往产品质量上转移。

一流金口才 1

销售人员："您好，我认为广告自然有存在的必要。若没有广告，您未必知道我们品牌的存在，更别说像今天这样来到我们店里了。只是，再好的广告也不如好的产品，广告的作用是让您知道我们品牌的存在，但只有产品的功效好，您才会购买。"

▮▮▮ 攻心策略

销售人员没有直接和客户说明广告投入了多少资金，而是将客户的关注点往产品的功效上转移，使客户的注意力不再放在广告上。

一流金口才 2

销售人员："我相信真正让您下定购买决心的是产品的质量和声誉。经历短短十多年的发展，我们现已成为业内的领先品牌，无论是产品质量，还是产品声誉，都是业内的佼佼者，您大可以放心。广告是我们的营销方式之一，毕竟广告越多，知道的人也就越多，对我们的产品品质要求就越严格。"

▮▮▮ 攻心策略

销售人员从品牌生命力的角度去提高客户对产品的信心，更容易得到客户的接受。

买护肤品为了改善皮肤，客户对产品功效更重视

某化妆品店内，销售人员正在给怀莲介绍一款精华素的功效，怀莲认为销售人员在夸大其词，根本不相信产品功效。

雷区1："怎么说呢，您不信的话，我也不能强迫您相信。"

【点拨】这样回答客户就等于放弃客户，导致交易失败。显然，这并非一个合格的销售人员应有的表现。

雷区2："怎么会呢？那些用了我们产品的客户都说效果显著。"

【点拨】这很难增加客户对品牌的信任，由于缺少客户身边的现实示例作为举证，可信度较低。

雷区3："您连这么好的产品都质疑吗？您绝对会后悔您今天没买我们产品的！"

【点拨】如此回答非但不能得到想要的结果，还会让客户恼怒不已，直接离店。

客户是为了改善自己皮肤而购买护肤品的，所以他们对产品功效尤其重视。若客户对产品功效提出异议，无非是因为以下两个原因：一是销售人员存在虚假宣传产品功效的嫌疑；二是客户有过购买无效产品的经历，怕自己重蹈覆辙。

若问题出在销售人员身上，则销售人员必须真诚地向客户道

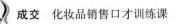

歉，利用实际行动得到客户的谅解和信任；若是客户以往购买经历造成的，则销售人员必须理解客户的想法，做一个体贴的倾听者。

一流金口才1

销售人员："请问您是不是在其他店有过较差的消费体验？如果是的话，您大可放心，本店主要出售日常美容护肤品及化妆品，经历了十多年的发展，客户反馈非常好。我们是依靠良好的品质在这十多年里生存下来的，从不出售虚假宣传的产品。您对这款产品有什么不了解的地方随时问我，我会一一为您解答，直到您认为我们的产品信得过，再下单也行。"

▐▐▐▐ 攻心策略

销售人员首先通过市场口碑和社会声誉取得客户的信任；其次，以自信的语气向客户解释本产品功能经得起市场考验，不需要夸大；最后，以温和的语气为客户打造一个轻松愉快的购买环境，使客户可以放心购买。

一流金口才2

销售人员："您好，若我自己都信不过自己的品牌，您又怎么会信得过我们的品牌呢？我认为我们的产品与您的要求十分吻合，兴许我太过心急了，没有解释到位，让您误会了，在此我向您说声对不起。不过，我们的产品确实值得您一试，请您体验效果后再下定论怎么样？"

▐▐▐▐ 攻心策略

针对"自卖自夸"行为，销售人员真诚地向客户解释，并向客户道歉；接着，提出让客户体验本产品的建议。如果客户接受建议，意味着成交的概率比较高。

反思自己的做法，与急于离开的客户真诚地交流

芷蕾在一家化妆品店里逛了好久，挑中了一款面膜，之后却对销售人员说："今天没时间，家里还有点事先走了。"

雷区1："要不您再待上几分钟吧，好吗？"

【点拨】或许客户真的有事在身，不能耽误片刻，销售人员这么说反而显得没礼貌。

雷区2："您埋完单就可以走了，产品已经包装好了。"

【点拨】这种说法给人一种强迫购买的感受，也许会加快客户离店的决心。

雷区3："那好吧，欢迎您下次光临。"

【点拨】完全没有挽留对方的意思，等于放弃了这一单交易，并非一个合格销售人员应有的表现。

销售人员被客户拒绝是常有的事。客户常常会用各种各样的理由，比如"我今天赶时间""下次吧，今天有点忙"等。不过，客户在店里转了半天，确认好要买的商品，也体验了产品功效，在埋单时却用"没时间"去拒绝，肯定会让销售人员大感意外。

针对这种现象，很可能是销售人员无意触怒了客户，使其迫切想取消购买。若销售人员不知道自己错在哪里，必定会错失客户。所以，销售人员需要了解客户是为什么急于离开，以真诚的态度使客户与销售人员开诚

布公地交流，促成交易。

接待表示"我赶时间，先走了"的客户时，销售人员应掌握以下技巧。

（1）判断客户是否真的赶时间。

（2）突出购买的重要理由。

（3）通过客户赶时间的心态促成交易。

一流金口才1

销售人员："您好，挑得好好的，怎么突然就要走了，是我哪里做得不好吗？希望您提出来让我改正。我的职责就是为您挑选到合适的商品，决定权在您手上。不过，我个人认为，这款产品与您的需求特别吻合，哪怕您真的赶时间，只需要稍等 1 分钟就够了。好不容易挑到这么合适的，岂能错过？"

▌▌▌▌ 攻心策略

销售人员分析客户离店的原因，并向客户再三强调为什么要购买这款产品。

一流金口才2

销售人员："麻烦再多待 2 ~ 3 分钟，行吗？我简单和您说下就行。"

客户："就再给你 3 分钟吧，不能再多了。"

销售人员："好的，我长话短说。您刚才也试用了这款产品，看您挺喜欢的，售价也合适，而且便于随身携带，方便随时使用。既然您好不容易选上了，不买的话太遗憾了。它真的很适合您，要不您稍等片刻，我现在立刻帮您办理结账手续，马上就可以搞定了，可以吗？"

▌▌▌▌ 攻心策略

销售人员请求客户再留下几分钟，如果客户不是特别着急的话，一般都会留下来。所以，留住客户后，销售人员必须以肯定的语气赞美客户挑选产品的眼光，引导客户完成购买。

 ## 用真诚的态度说服大龄女士，坚定其保养皮肤的决心

在一家美容店里，销售人员正在向一位女士介绍店里的服务项目，这位女士却说："我都这么大年纪了，不用做护理了。"

雷区1："越是年纪大，越要做好保养工作啊！"

【点拨】如果客户表示自己年纪大，销售人员最好不要认同客户的话，毕竟女人最忌讳的就是年龄，自己说可以，但容不得他人说。

雷区2："哦，那随便您了。"

【点拨】这样回答就等于直接放弃了这单交易，客户来到店里肯定是有一定的需求，销售人员不应如此回答客户。

如果客户表示自己年纪大了，不必护理皮肤，销售人员要提供一些合理的建议以满足其需求，坚定其保养皮肤的决心。

销售人员在接待此类客户时，必须以真诚的态度从情感诉求的角度去说服他们。如"您为小孩操心了大半辈子，现在有条件了，应当及时补回来"等，以激发客户的兴趣。

一流金口才1

销售人员："姐，您年轻得很呢！其实啊，随着年龄的增长，我

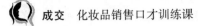

们的角质层越来越厚，尤其是从 25 岁开始，我们的新陈代谢速度逐渐放缓，皮肤会发生一系列的问题，如暗淡无光、粗糙泛油以及皱纹等。如果皮肤出现衰老的迹象，要想它再回到原来的样子就难了，所以，抗衰老特别重要。可见，不管哪个年龄阶段的人，都离不开保养。您看，这款抗衰老产品可以重新激活您肌肤的活力，及时补充水分，口碑特别好，这些就是我们老客户的售后反馈，您可以看看。"

攻心策略

销售人员向客户说明皮肤衰老是人类的必经过程，所以要注意皮肤保养，这与客户的想法不谋而合，试问，谁不想让自己更年轻呢？销售人员找到客户的痛点并适时将产品介绍给客户，利用老客户反馈作为产品功效的举证，增加客户对产品功效的信赖。

一流金口才 2

销售人员："姐，看您精力充沛的样子，千万别再说自己老了。有个广告说得特别好，60 岁的年龄，心理年龄却只有 30 岁，可见，人要想变得年轻，首先就要放松心态。保养没有年龄之分，现在有条件了，该操心自己了。您使用我给您介绍的这款产品，相信效果一定很棒！"

攻心策略

销售人员先赞美客户，以此得到对方的好感；接着从保养不分年龄的角度，在情感上得到对方的共鸣和信任；然后在此基础上推荐，更容易促成交易。

第六章
处理客户异议攻心话术特训

一个出色的销售人员能够将客户的异议当成一个购买的信号，如果正确处理，成功交易的概率就比较高。所以，销售人员应当根据不同客户的异议提前制订针对性的应对方案，积累经验。

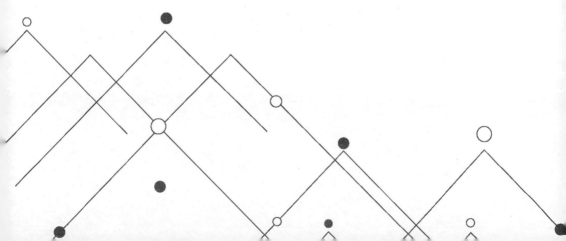

客户最关注的不是优惠力度，而是得到足够的尊重

实战片段

莉雅在一家化妆品专卖店看中了一款眼霜，赠品是一盒面膜，她对销售人员说："我不要赠品，眼霜价格给我便宜一点吧。"

话术避雷区

雷区1："对不起，根据我们公司规定，不得采取直接降价的做法。"

【点拨】这样回答对实现交易有害无益。

雷区2："不好意思，就算您不要赠品，我们也没有给您打折的权力。"

【点拨】直接拒绝客户，容易让客户失去继续购买的动力。

雷区3："我无权做主哦。"

【点拨】这种回答容易让客户误会，他们可能会想，"你做不了主的话，让做得了主的来和我谈啊！"

行家如是说

在成交以前，客户常常会提出这样那样的要求，并且有可能会超出销售人员的权限，让销售人员备受困扰。若直接拒绝客户，必定让客户心生不悦；若满足了客户要求，又违反公司规定，难以向上级领导交代。

事实上，销售人员在处理客户的这些要求时，必须由客户心理入手。销售人员应使客户感受到其得到了足够的尊重，并使其感受到销售人员的诚意满满。

销冠特训营

一流金口才 1

销售人员："我能理解您的想法。您的眼光很好，想必您也知道这款眼霜适合您。赠品是我们对您表示的一种诚意。这款面膜价格比较高，外面是买不到的，我们只是赠送给尊贵的客人。若您不需要，大可转赠给身边的人，只是这么好的礼物，我猜您也是留下来自己用，对吗？"

▋▋▋ 攻心策略

销售人员首先肯定客户的观点，然后向客户解释购买的原则；最后介绍赠品代表店铺的心意，和产品价格没有任何联系；强调赠品价格高，外面买不到，引导客户完成交易。

一流金口才 2

销售人员："我自己就很想要这个面膜，遗憾的是，这是我们为 VIP 客户提供的，我只有羡慕的份儿了。赠品不能直接和现金相抵，希望您理解！"

▋▋▋ 攻心策略

销售人员先用与客户开玩笑的方式，调动现场气氛；接着增加客户对赠品价值的认识；最后向客户争取对不能用赠品抵折扣的理解。

 如果折扣赠品都想要，说明购买产品意向很强烈

实战片段

在一家化妆品专卖店，梦瑶想买一款面膜，她对销售人员说道："能不能价格低点儿，再给点儿赠品。"

雷区1："不可以哦，我们没有这个权力。"

【点拨】直接拒绝客户，容易让客户觉得不被尊重，自尊心受损，致使交易失败。

雷区2："您又要赠品又要折扣的话，我们亏太多了。"

【点拨】这样回应客户未免夸张过头了。

如果客户表示两个都想要，说明他们具有强烈的购买意向，并想要更多优惠。销售人员应热情招呼客户，保证立场坚定，向客户提出选择的建议。

销售人员在应对既想要赠品又想要折扣的客户时，必须掌握以下应对技巧。

（1）行为上。提出让客户选择的建议。

（2）立场上。坚持自己的原则和底线，不让客户攻破自己的心理防线。

（3）态度上。以不卑不亢的态度，真诚、热情地接待客户。

一流金口才1

销售人员："您好，原来您是个追求理想主义的人啊！折扣和赠品对我们的吸引力确实都很大，您的心情我也能够理解，不过根据规定，的确只能二选一，您喜欢哪一个选它就行了。不管您选择赠品还是折扣，您都赚到了，不是吗？"

攻心策略

销售人员先肯定客户的想法，接着以规定解释的确只能二选一，引导客户选择。

一流金口才 2

销售人员："您好，您的想法我能够理解。若可以同时获得折扣与赠品，固然更好。不过，想必您了解过，品牌专卖店通常都是以正价销售为主的，很少打折或赠送礼品。现在，正逢我们店八周年店庆，才推出这个促销活动。不管是您选择折扣，还是选择赠品，都十分难得。只是我个人觉得您应该选择赠品，原因是本次赠品全部是限量版，很难买到。换句话说，您买到了两种商品，却只付一种商品的钱，很优惠了。"

▌▌▌▌ 攻心策略

销售人员先和客户解释本次促销活动实属少有，在心理上为客户营造一种紧迫感，接着建议客户尽早选择，有效调动客户的购买热情。

如果客户质疑特价化妆品质量，必须坦诚相告

某化妆品专卖店正在做特价促销，一位女士来到店里看了一下，问销售人员说："你们这些搞特价的化妆品是不是质量有问题？"

雷区 1："怎么可能呢？质量完全没问题的。"

【点拨】 如此应付客户，很难将客户的疑虑完全打消，销售人员应详细解释客户购买产品可以获得哪些好处。

雷区 2："这些产品都和专柜一样，您大可放心。"

【点拨】 尽管是同一个品牌的产品，可是客户的脑海里会不由自

主地想：是快到期了吗？还是功效不显著？太多疑虑让客户无法下定决心去购买。

面对这种情况，销售人员就要得到客户的信任。面对客户质疑，销售人员必须坦诚相告，向客户陈述为什么产品搞特价，以绝对真诚的话语打动对方，利用产品经济实惠、性价比高的特点吸引客户马上购买。

销售人员必须知道：只要能够与客户坦诚相待，将自己专业、负责的一面展现出来，就比较容易打动客户。

一流金口才 1

销售人员："您好，我能理解您的想法，因为过去我们一些客户也曾经有过这样的想法。现在我很负责任地和您说，无论是正价产品还是特价产品，它们的质量是相同的，就像我们给予您的质量承诺一样。特价活动是因为正值本店三周年店庆，为感谢新老客户的支持而举办的感恩大促销，所以您今天买是特别实惠的。"

攻心策略

销售人员先表示理解客户的疑虑，接着以质量保障减少客户疑惑，再利用店铺活动引导客户迅速完成购买活动。

一流金口才 2

销售人员："您好，您担心也是正常的。不过，今天是我们三周年店庆，才将这些原来不降价的商品作特价处理。我们向您保证，质量是相同的，而且仅限今天一天特价，明天这些特价产品又会以原价进行销售了。"

攻心策略

销售人员先肯定客户想法，接着向客户详细说明搞特价的原因，告诉其促销活动的结束时间，增加其心理紧迫感，坚定其购买的决心。

面对货比三家的客户，要以绝对的自信去打动对方

燕妮来到某化妆品专卖店购买一款香水，销售人员给她推荐了一个品牌，燕妮看了一下觉得这个品牌没有另一个品牌好。

雷区1："这是不可能的，我们是国际知名品牌，他们又不是！"

【点拨】直接诋毁其他品牌，会让客户觉得销售人员缺少基本的职业道德。

雷区2："好吧……"

【点拨】这么回答，无形就间接承认其他品牌比本品牌好，导致交易失败。

雷区3："无论您怎么认为，我还是相信我们的品牌比别的品牌好。"

【点拨】与客户争辩既无法解决问题，又会使客户不悦，对销售有害无益。

在购买化妆品时，大部分客户都会货比三家，特别是经验老到的客户。面对客户的比较，销售人员必须充分相信本品牌的服务以及产

品优势，以自信的态度说服客户。

正常情况下，客户对比不同品牌毫无恶意。他们来到本店，接受销售人员的推荐并进行产品体验，反映了其是信任本店的。在这种情况下，销售人员应注意自己的用词，因为客户可利用销售人员对其他品牌的评价去评价本店。所以，销售人员必须尊重其他品牌，肯定其他品牌的优点，并突出本店的差异化优势，以绝对的自信去打动客户，使其彻底放下戒备心，并购买产品。

如果客户对比本品牌与其他品牌时，在不同情况下，应对技巧也将有所不同。

（1）面对不熟悉的竞品：要掌握品牌的详细信息，在尊重对方的前提下陈述本品牌优于对手的地方。

（2）面对熟悉的竞品：要认可对手，强调本品牌的优势。

一流金口才 1

客户："我觉得××的润肤水比你们的好用很多。"

销售人员："您好，您说的品牌我不是很熟悉，也没有接触过，因此很难作对比。不过，我觉得您既然那么说，相信这个品牌也不错，有机会我会详细了解的。但是，购买化妆品应根据皮肤状况、产品可靠性、季节性以及产品组合搭配用的。如果单单以一瓶润肤水去比较，无疑是很难的。据我对您皮肤的分析，您用我们这款产品的话，能够让皮肤更加滋润、光滑、有弹性。"

▎▎▎▎ 攻心策略

根据客户对产品的试用情况，引导客户把握眼前机会，增加客户购买的动力。

一流金口才 2

客户："我认为××品牌发布的眼霜，名气大过你们的。"

销售人员："是的，单单从名气来说，××品牌的名气要大过我们的品牌，他们以眼霜系列产品为主打。不过，相信您也了解，化妆品的功效要比品牌名气更重要。我们品牌来自××国，是1869年成立的，产品是通过温泉提取矿物泥，并结合纯植物精华而成的，可谓是历史悠久、使用便捷、成分全面。我们不敢说一定好过别的品牌，但我们不差，而且我们产品结构完善，若您体验过我们的眼霜后认为功效很好，那么您可以继续在我们这里挑选其他的护肤品，为您节省更多挑选时间，您觉得呢？"

▌▌▌攻心策略

销售人员对竞品进行公平、客观的陈述，既肯定竞争对手，又强调自己的优势，给客户一定的思考时间，使其自主决定是否购买。

客户是离店而去还是改变看法，取决于销售人员

实战片段

一天，两位女士走进一家化妆品店，销售人员了解了她们的购买需求以后介绍了一款面霜，其中一位女士看了一下说："我以前用过这款产品，觉得效果不好。"

话术避雷区

雷区1："不好意思，我是新来的员工，不太了解您说的。"

【点拨】如此回答容易让客户认为销售人员不专业，如果销售人员都不了解自己销售的产品，别人又怎么会购买呢？

雷区2："没理由啊，我们产品的使用效果特别好。"

【点拨】没有拿出事实根据，而是直接与客户争辩，否定客户说法，容易让客户不满，不利于后续销售。

雷区3："您的产品并非在我们店买的，我无法分辨您说的真伪。"

【**点拨**】这样回答对后续销售和对本品牌的形象都是有害无益。

处理这类异议并不容易，销售人员很难把握立场，不是直接推脱责任，就是低声下气、言不由衷。如果客户主动提出异议，说明他们是愿意听一听销售人员的说法。客户究竟是直接离店而去，还是改变对本品牌的看法，就取决于销售人员自己。

单就技巧来说，要解决这个问题并不难，关键是掌握客户在使用过程中为什么效果欠佳，接着再给出中肯的建议。此时，销售人员掌握的皮肤保养知识就可以发挥重要的作用。只是要改变客户的看法，销售人员还需要与客户坦诚相对，以真诚的态度和服务打动对方，为本品牌正名。

在接待质疑本产品效果的客户时，销售人员必须掌握以下流程。

（1）利用双方交流，掌握客户使用产品的细节，发现原因。

（2）若确定问题出在产品身上，必须承认错误。请求客户给销售人员一个改正的机会。

（3）以优质的服务得到客户认可，改变客户的看法。

一流金口才1

销售人员："您好，我在这里工作了五六年的时间，品牌产品和口碑都是有目共睹的，您说的情况我们从来没有遇到过。要不，您说详细一点儿，让我们共同解决这个问题，怎么样？"

▌▌▌▌ **攻心策略**

销售人员要以端正的心态，引导客户说出详细情况；然后从专业的角度向客户提出针对性的建议和具体的解释，获得客户信任。

一流金口才 2

销售人员："您好，麻烦您说得具体些。比如，您在什么时间、通过什么渠道购买的，以及如何使用的，等等，便于我们为您分析并找到问题原因。而且，您的反馈可以让我们对后续产品配方进行适当调整，使产品发挥更好的效果。您先坐一下，我去取纸笔来。"

攻心策略

销售人员先掌握客户的详细信息，找到客户使用效果欠佳的原因，并在此基础上提出针对性的建议。

若客户认为产品不齐全，应协助其找到想要的产品

━━━━━ 实 战 片 段 ━━━━━

星期六上午，新巧来到一家化妆品专柜，她看了一下柜台里的产品，对销售人员说："你家美容产品没有其他专柜齐全。"

━━━━━ 话 术 避 雷 区 ━━━━━

雷区 1："是吗？那您可以先买这几款产品！"

【点拨】销售人员不断催促客户下单，只会让对方觉得销售人员不专业，导致购买兴趣大减。

雷区 2："这是不可能的，您说的是什么品牌？"

【点拨】否定客户，质疑客户，只会让客户反感。

━━━━━ 行 家 如 是 说 ━━━━━

就喜欢逛街的客户而言，他们更喜欢那些大型、品种齐全的化妆品店，原因是他们可以在那里找到自己想要的东西。不过，不少品牌

专柜都集中在商场，有限的面积使陈列出来的商品不多，让客户认为产品系列不全面。另外，一些客户没找到畅销的产品，也会认为店里产品较少。

若客户表示本店没有××畅销产品，销售人员应第一时间感谢客户的提醒，接着将其他合适的产品介绍给客户，或将客户电话号码记录下来。若客户说不出来需要什么产品，则销售人员不需要向客户一问究竟，而是简单回应客户后，将话题往现有的产品上转移。

如果客户认为本店产品不齐全时，销售人员应掌握以下应对技巧。

（1）耐心倾听客户的话，不应马上与对方争辩。

（2）无论客户说的是真的，抑或是假的，都需要先感谢对方的提醒。

（3）协助客户找到合适的产品，使对方的问题得以迎刃而解。

（4）若没有客户指定的产品，可将其他同类产品介绍给客户。

一流金口才1

客户："虽然你们的××眼影目前很流行，但其他品牌都推出新品了，怎么你们品牌还没上新呢？"

销售人员："您好，感谢您的建议，原来您是行家啊，对化妆品很了解哦！是的，您刚才提到的××眼影是我们现在卖得最好的产品。但告诉您一个好消息，我们现已生产这款眼影的新版，预计三天后就可以正式出售了。若您喜欢的话，不妨再等上三天。我们在新款中添加了一些新成分，使用效果更加显著哦。不过暂时不能向您透露具体的细节，方便的话请留下您的联系方式，新品到店后，我第一时间通知您。我们最重视像您这样的行家了，特别谢谢您提出的意见。"

▌▌▌▌ **攻心策略**

销售人员先感谢客户提出的意见，接着向其陈述有关产品的生产进度，适当卖个关子，激发客户的好奇心，利用新品上市为后续销售巩固基础。

 一流金口才2

销售人员："抱歉，我们属于品牌专柜，陈列面积小，导致我们只能将本季新品以及畅销产品展示出来。但是，我们品牌的彩妆与护肤品非常全，一些产品由于店铺面积原因并未陈列出来。除了您现在挑好的产品外，您能说说您还想看哪些类型的产品吗？我可以拿过来给您。"

▍▍▍▍ 攻心策略

销售人员针对这种现象向客户详细解释，若客户仅仅是随口一说的话，那他们了解原因后基本可以放下心中的疑虑了。

了解同伴表示异议的原因，放大客户中意的产品细节

 实战片段

某化妆品店内，璇娟看中了一款抗皱面膜，一起来的同伴却阻止她购买。

 话术避雷区

雷区1："自己喜欢就行了，管别人说什么呢。"

【点拨】这样回答客户，既无法说服客户，又会让客户同伴反感，增加销售难度。

雷区2："这款产品销量特别好，是今年的新品。"

【点拨】太简单的回应，缺少说服力，销售人员必须在掌握客户和客户同伴的偏好后再实施针对性介绍。

雷区3："我认为这款产品真不错啊！"

【点拨】只有让客户及其同伴认为产品好，才有成交的可能。

若客户很满意本产品，但其同伴不以为然时，销售人员必须了解客户同伴为什么表示异议，注意放大客户最喜欢的产品细节，扩大利益点，使客户能够迅速完成购买。此处需要强调的是，接待客户及客户同伴时，若为了应付客户同伴而冷落客户，就会得不偿失。

第一，销售人员应耐心倾听客户同伴的建议，适当恭维对方，以缩短双方距离；第二，销售人员应仔细观察，实施角色判断；第三，根据判断结果实施针对性介绍，尽可能使同伴与销售人员站在同一战线上，通过施压技巧，刺激客户完成购买。

一流金口才1

销售人员："（对客户同伴）您好，我觉得您很了解化妆品啊，您认为不合适的地方是什么？可以说出来，让我们一起为您朋友分析分析。（对客户）您好，难得挑到自己喜欢的化妆品，不买的话，不是很遗憾吗？我们品牌正在搞促销，您选中的产品可以打八折，相当于您购买这款产品只需要支付××元就可以了。"

攻心策略

销售人员先恭维客户同伴，肯定他们的想法；接着，逐一解决客户与同伴的异议，以打折促销方式刺激客户消费，让客户产生一种不能错过的迫切心理。

一流金口才2

销售人员："您好，看来您很了解化妆品，难怪您朋友购物都会带上您。我觉得您朋友对我们这款产品很是喜欢啊，您为什么觉得不合适呢？您认为哪种类型的产品比较适合您朋友？"

攻心策略

销售人员适当恭维对方，缩短双方的距离，接着以询问的方式掌握客户同伴产生异议的原因，找到双方的共同点，这样一来，问题就能够轻松化解了。

强调产品价值，才能让客户产生值得购买的想法

一位女士挑了一款精华液，问了一下销售人员价格，觉得这款化妆品太贵了。

雷区1："我们是国际品牌，价格肯定高一些，那些价格便宜的国产品牌，您愿意买吗？"

【点拨】这种话不应该出自一个销售人员之口。销售人员必须尊重客户，懂得怎样让客户了解产品的价格和内涵，让客户产生物超所值的感觉。

雷区2："您好，您要知道便宜的产品质量不一定好啊！"

【点拨】这种应付式回答，估计客户也听过不少，已经麻木到没有任何感觉了。

雷区3："抱歉，我们品牌的价格向来如此。"

【点拨】即使本品牌产品售价确实贵，但销售人员如此消极地回答客户，只会增加销售难度。

许多客户都有过质疑品牌价格的经历，对于销售人员来说，这也是司空见惯的事了。实际上，若客户对产品不感兴趣，或产品价格已

经超出客户可承受范围，客户就会失去购买的兴趣。客户之所以提出异议，是想了解还有没有讨价还价的可能。

在产品价格高低的问题上，销售人员不能直接与客户争辩，这样会导致客户流失。事实上，增加客户的可承受能力就是处理异议的最佳手段，只有放大产品价值，才能让客户产生值得购买的想法。

如果客户质疑本品牌的价格，销售人员应掌握以下应对技巧。

（1）肯定客户。

（2）证明自己。

（3）赞美客户。

（4）赠送礼品。

一流金口才 1

销售人员："是啊，您说得对！作为国际品牌，它的价格肯定低不了。不过，看您的气质和谈吐，我觉得您不应该因为产品价格而放弃自己喜欢的东西。若您决定现在购买的话，我可以额外赠送您一支口红小样，与您的气质特别匹配，只有 VIP 客户以及老客户才可以享受这个优惠哟！"

攻心策略

销售人员先赞美对方，在得到对方好感后，通过利益促成法刺激客户消费，让客户产生产品值得购买的想法。

一流金口才 2

销售人员："您好，我们产品的价格高是有原因的，作为国际品牌，它的服务、功效以及质量都有严格的标准和保障。最重要的是，我们能够让拥有这种高端化妆品的消费者感到骄傲和自豪。单从价位来说，国产品牌价格低一点，不过心理感受也低一些哦，这一点想必您也有所了解。我觉得吧，像您这种谈吐优雅的职业女性，更有必要

使用高端品牌，而且我也不敢给您介绍便宜的产品啊!"

▌▌▌▌攻心策略

适当的赞美很有必要。先恭维对方，满足客户的心理需求，客户一开心可能就会立刻购买。

提升化妆品议价能力，巧妙应对客户的打折要求

在一家化妆品专卖店，一位女士准备购买3瓶精油、5盒面膜、2支口红，她对销售人员说："我这一次购买这么多化妆品，你给打个折吧。"

雷区1: "要不，我给您申请个九折优惠吧!"

【点拨】 轻易让步，只会让客户觉得还有议价的可能，进而继续向销售人员索要更多优惠，所以必须要慎重。

雷区2: "抱歉，作为品牌专卖店，我们所有的价格都是全国统一的，没有折扣。"

【点拨】 如果销售人员直接拒绝客户，难免让客户觉得有些失望，或许会打消购买的念头。

雷区3: "昨天有位客人消费几千元也不能享受折扣呢，何况您买的比她少!"

【点拨】 哪怕是事实，销售人员这样回答也会让客户生气，不当的语言会直接导致交易失败!

大部分女性客户在购买化妆品时都喜欢讨价还价，哪怕在专卖店

购买也同样如此。客户喜欢议价，不等于她们的消费能力低，也不是说必须满足她们的优惠要求，她们才会买，她们也许只是单纯地喜欢讨价还价的乐趣而已。

客户要求打折，是希望销售人员可以为她们提供特殊优惠。若确实不能打折，那么适当送个小礼品，减轻她们的心理落差，让她们知道店铺重视自己，交易自然能够顺利完成。

面对要求打折的客户，销售人员应掌握以下方面。

（1）说明事实。

（2）强调责任。

（3）表达重点。

（4）恭维客户。

（5）祝福客户。

一流金口才 1

销售人员："您好，您的眼光真好，一下子选购这么多畅销产品。虽然我没有给您打折的权力，不过为了表示我们店对您的感谢，我可以在自己的权限范围内赠送您一份 VIP 贵宾礼品，期望以后还有机会为您服务，小小心意，希望您喜欢！"

▌▌▌▌ 攻心策略

销售人员向客户解释，买化妆品时应重视产品功效，并将小礼品赠送给客户，让客户觉得销售人员重视他们的感受。对于无法得到价格优惠的客户来说，获得小礼品也算是意外的惊喜，他们会很开心。

一流金口才 2

销售人员："您好，我觉得您一看就是那种很会生活的人。不管是购买化妆品，还是购买生活必需品，都将每一元钱花得值得！在价格上，若还可以让步的话，我肯定会满足您的。不过，我无权这样做，毕竟我们是坚持'服务与质量不打折，产品价格不打折'的原则去为您服务的。若我们随随便便就给您打折，说明我们的服务也会同步下降，这样的局面肯定不是您想看到的，希望您理解。"

攻心策略

销售人员直接告诉对方不能打折，让对方心理有一个明确的认识。当然，只有接待比较理性的客户以及讲原则的客户，才可以采用此方法。

借助权威资料和从众心理，打消客户精油价高的疑虑

实 战 片 段

莹可想买一种可以淡化肌肤细纹的护肤品，销售人员给她推荐了一款精油。听了价格，莹可吃惊地说："这么一小支精油就要好几百元，太贵了！"

话 术 避 雷 区

雷区1："贵的一支都要好几千元呢，这已经是很便宜的了！"

【点拨】销售人员如此回答容易伤客户的自尊，在小看客户的同时又小看了自己售卖的产品，销售人员应当将更多注意力放在产品质量和功效上。

雷区2："精油既然有着'液体黄金'之称，它的价格肯定低不了。"

【点拨】给人一种暗讽客户见识少的感觉，容易让客户反感。

雷区3："便宜的我们也有，但是效果不一样。"

【点拨】如此回应客户容易使销售重点发生转移，不利于后续销售。

精油是近些年来比较受追捧的产品，其价格往往不便宜，甚至和奢侈品有得一拼。原因是精油产量低，需要大量的原料才可以提取出一点。若客户以前没有接触过，哪怕体验效果甚好，也会因为对产品的价值、功效、使用方式以及成分等不了解，而质疑它的价格。

销售人员在接待不熟悉精油的客户时，应尽量以通俗易懂的语言向客户解释精油的价值、功效以及发展背景，使其知晓，尽管精油产品价位高，不过性价比更高。在此期间，销售人员应适当借助权威资料和从众心理去解决客户异议，而非以"教育者"的态度去接待客户。

销售人员向客户说明精油的功效和用处时，应向其传授一些如何识别高端精油的小妙招。

（1）品名标示。

国际芳香疗法制造商协会规定，产品若标示"Pure Essential Oil"，说明它是百分百萃取自植物的，不含任何人工合成成分。

（2）装瓶颜色。

精油的成分会由于日光、湿度、灯光或者高热等受损，所以，需要储存在深色玻璃瓶里。

（3）油液状态。

通过对光观察，除了少数精油，如檀香或者乳香等精油外，其他精油液体必须清澈如水；将它滴在白纸上，一旦挥发后，白纸上没有任何油渍残痕；如果将它滴在清水中，它会马上与水融为一体，不留任何痕迹。

销冠特训营

一流金口才1

销售人员："是的，有人用'液体黄金'去形容精油，价格肯定低不了。就拿纯正玫瑰精油来说，它几毫升的价格一般就在 1000 元以上。我们这款精油名气大，便于携带，有着极强的适用性，而且价格亲民，一般消费者都可以承受得起！您看，我们的产品都有'Pure Essential Oil'标识，意味着它的成分全是从植物中提取出来的。如果您使用一下的话，相信您会喜欢的。"

▌▌▌▌ 攻心策略

销售人员先肯定客户的异议，接着向客户详细陈述产品信息，消除他们的疑惑，增加他们对精油的了解和认识。

一流金口才 2

销售人员："您好，我们的精油有着相当高的纯度，而且我们以直营专卖为主，产品价格与其他同档次品牌的产品相比，要低 10% 左右，绝对让您买得值。"

▌▌▌▌ 攻心策略

销售人员利用直营专卖、售价低于同类产品的特点刺激客户消费，更容易促成交易。

 突出服务与附加值，使客户了解化妆品的定价因素

在一家化妆品店里，一位女士比较了几款化妆品的价格，觉得这里的价格最高。

雷区 1："我们品牌的质量更好，贵点是正常的。"

【点拨】直接诋毁其他品牌，会让客户觉得销售人员没有基本的职业素质，并质疑产品功效。

雷区 2："我们品牌的档次更高一些。"

【点拨】这样回答客户，只会让客户觉得销售人员在自吹自擂，因为真正的高端品牌完全不必自我标榜。

雷区 3："最高档次的就是我们品牌，其他品牌与我们有不止一个档次的差距。"

【点拨】这种回答给客户一种目中无人的感觉，语气太过浮夸，无益于销售。

如果客户这样说，销售人员常常无法识别客户的真正意图，难以应对。事实上，在同类产品中价格最高，并非就是品牌的缺点，有时候也是一种优点。

销售人员在认识到这一点后，应由两个方面去攻破客户心理防线：一是销售人员十分了解化妆品行业，可以适当以有关案例举证；二是由客户心理入手，让客户懂得"不怕价比价，就怕货比货"的道理。重点是突出本品牌的服务与产品的附加值，使客户了解产品贵在哪里。

如果客户将本品牌的产品与其他品牌比较的话，在说服客户时销售人员应掌握以下技巧。

（1）向客户强调本品牌优于其他品牌的地方。

（2）向客户强调品牌在一定程度上象征着使用者的地位与品位。

（3）证明本品牌最适合客户使用。

一流金口才 1

销售人员："是的，购买化妆品时必须多看看，比品牌、比质量、比功效、比价格。我们就拿价值来说，越高价的产品，一般来说就有着越高的价值。我们为所有在我们店铺消费过的客户设置个人档案，

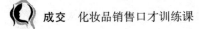

定期举行美容沙龙活动，由美容专家现场传授护肤小技巧，提供各种会员专享服务以及联谊会，这是一般品牌做不到的。您如果购买了我们产品，就如同获得一位专业的美容护肤专家的辅助，尽管产品价格略高，不过不管从哪一方面来说，它的性价比都是最高的。"

攻心策略

销售人员先肯定客户货比三家的做法，接着基于产品价值的条件下突出本品牌及服务的附加值，使客户知道定价高的缘由，继而达到促成交易的目的。

一流金口才 2

销售人员："看来您很了解化妆品行业啊。我们品牌有着非常悠久的历史，价格略高一些。不过，我们的产品都是经过精心策划和研制的，款款都是经典。每次一出新品，其他品牌纷纷仿效。您看您气质这么好，非常符合我们的产品定位，仿佛就是为您量身定制的！"

攻心策略

销售人员先赞美对方，接着强调本品牌相较于其他品牌的优势，强调品牌是社会身份与品位的象征，证明产品与客户的气质十分吻合。

第七章
促成交易攻心话术特训

你是否思考过，同样是销售产品和提供服务，为什么销售人员的工作业绩有所区别呢？为什么80%的销售额常常来自20%的销售人员呢？这是因为他们对成交技巧的应用非常熟练！一个出色的销售人员，能够通过自己的知识、经验和创意，挖掘出更多能够直抵客户内心深处的成功方法。

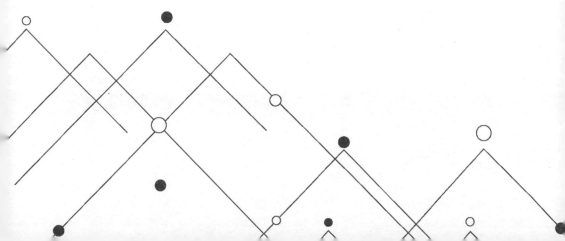

当恐惧大于花费时，客户自然选择保养皮肤

一家美容店内，销售人员给一位女士介绍了店内的服务和价格，这位女士听了以后惊讶地说："做皮肤保养要花这么多钱啊！"

雷区1："有舍才有得，您不舍得花钱，又怎么改善自己的肤质？"

【点拨】或许客户会想，舍得花钱就能够改善皮肤了吗？如果客户还表示异议，那么销售人员在说服客户时，需要由客户购买产品可以获得哪些好处入手。

雷区2："您花这点儿钱都不舍得吗？"

【点拨】这明显有看不起人的意思在里面，容易伤害客户自尊心，导致其拒绝销售人员介绍的所有产品。

如果客户表示保养皮肤花费太大时，说明他们当中的大部分确实是经济拮据，一方面想保养皮肤，另一方面又觉得开支太大。在这种情况下，销售人员必须让客户了解自己的皮肤缺陷，让他们意识到不及早保养皮肤，只会导致皮肤越来越差。

一流金口才1

销售人员："您好，您看啊，您五官那么漂亮，可惜就是皮肤不够好，还有一些色斑。您黑眼圈这么深，这段时间是不是睡不好呢？

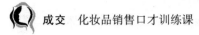

快点解决这些问题吧，要不您的皮肤只会比现在还差。其实，我们每天只要花点时间在皮肤保养上，就能够明显改善自己的皮肤状况，以最实惠的产品组合使您的皮肤得到最有效的改善。"

攻心策略

首先，适当恭维对方，取得对方的信任；其次，分析客户脸部皮肤状况，并告诉客户应及早保养，以此得到客户的重视；最后，根据客户消费能力，为其提供最实惠的产品组合，增加交易的成功率。

一流金口才 2

销售人员："您好，您今天能来到这里，说明您对保养皮肤还是很重视的。根据您的皮肤我为您精心挑选了这一款产品，它最大的功效就是改善色斑。这款产品成分是从植物中提取出来的，保养皮肤时每次只要一点点就行，长期使用的话效果特别好，性价比特别高，经济实惠！"

攻心策略

首先，表扬客户来到美容店的行为；其次，向客户说明为什么向她介绍这款产品，它有什么功效；最后，由产品用量转移客户注意力，刺激客户的购买欲。

 只给合理的建议，不要直接替客户做决定

小张在一家化妆品专卖店里看中了两款润肤乳，不知道该买哪个，就问销售人员说："这两件产品都挺好，我该选哪个呢？"

雷区 1："要不您买这款吧，这款特别好用！"

【点拨】销售人员提出的建议，未必是客户心里喜欢的，若客户购买后又反悔了，就会振振有词地说："我本来就不喜欢你给我选的这款产品！"

雷区2："这两款产品都很好，不如一起买了吧！"

【点拨】销售人员越是急功近利，越容易刺激客户，也许客户会因此一走了之，所以销售人员需要从客户的角度分析问题。

雷区3："我觉得买贵的那款吧，功效更显著一些。"

【点拨】不能仅仅根据产品价格为客户下决定，而应分析哪种产品更适合客户的肤质。

如果客户问销售人员，哪一款产品适合他们时，意味着交易接近成功了。不少销售人员在这种情况下，都会迅速协助客户决定要购买的产品，并马上下单。事实上，这种做法是错误的，销售人员不能直接决定客户购买哪一种产品，只能为对方提供合理的建议。

接待此类客户时，销售人员应该如此告诉客户："这两款产品的特点分别是……"若客户一定要销售人员为其做出选择，销售人员要这样说："要是我买的话，我认为这款比较合适，您认为呢？"销售人员必须反问客户，待得到客户确认后再为客户下单也不迟。

一流金口才1

销售人员："您好，您眼光太好了，选中了我们店里最好的两款产品。不过让我选的话，我个人觉得这款好，尽管它的价格比另一款略贵，但是它的档次更高，功效更加显著，与您的肤质更匹配，而且又可以满足您美白皮肤的需求，您认为呢？"

▮▮▮▮ 攻心策略

销售人员先恭维客户的眼光，然后根据客户需求进行有针对性的产品推荐，由客户决定最终购买哪一款。

◼ 一流金口才2

销售人员："您好，我觉得这两款产品的优势不一样。您看，这款含有大量的××××，可以长久锁住皮肤水分，有着相当好的保湿功能，能使气候干燥导致受损的肌肤得到有效修复。您再看这款，它是以美白为主的，是针对亚洲女性肌肤设计的，可以迅速淡化细纹，改善肤色不均以及暗沉等问题，让肌肤更加白皙、透亮。您可以根据您的需要去选择产品。"

▮▮▮▮ 攻心策略

所谓旁观者清，销售人员将两款产品的功效一一告诉对方，使对方在思考一番后自行决定购买哪一款产品。

 客户真正信任销售人员，才能放下担忧

这天，小丽来到一家化妆品专卖店，想买一款洁面乳。她拿起一款洁面乳，看了看使用说明，觉得比较适合自己，就是不知道会不会过敏，于是，她问销售人员："我是过敏性皮肤，使用这款产品会过敏吗？"

雷区1："使用化妆品时出现过敏情况是很正常的，您多虑了。"

【点拨】客户是为了改善皮肤而选购产品的，若使用产品后出现过敏情况，不恰恰证明产品质量不过关吗？

雷区2："不会过敏的，您大可放心！"

【点拨】如此简单的回答，也许会让客户觉得一点保障都没有，又怎么会购买产品呢？

雷区3："就算是过敏性皮肤，也能够使用我们这款产品，您不必担心！"

【点拨】销售人员可以这样回复客户，但客户可能还会担心出现其他问题或咨询其他问题。

此类客户内心的敏感程度不亚于皮肤的敏感程度，所以他们希望在埋单以前，销售人员能够给予更多的解释与说明。一般情况下，他们不是质疑产品，而是因为自己皮肤状况长期得不到有效改善而担心产品的功效。在这种情况下，如果销售人员给予他们更多支持的话，则他们购买的愿望会更加强烈。

所以，销售人员能否取得客户信赖就很重要。因此，销售人员需要做的是，让客户发自内心地信任，而非表面上信任。销售人员必须根据自己的专业去分析客户肌肤的敏感程度，使客户有信心能够改善自己的肌肤。必要时，销售人员可以测试一下客户的肌肤敏感度，使客户真正放下心头的大石头。

一流金口才1

销售人员："您好，不必担心，我现在就为您解决疑惑，很简单，只需测试一下您的肌肤敏感度即可。我在您手腕内部抹一点产品，大概等十分钟，若您的肌肤没有出现发痒和发红等现象，就说明不会过敏，您请放心使用。我去给您倒杯水来。"

攻心策略

销售人员利用测试皮肤过敏性去解决客户的疑惑，让客户不再担心过敏问题。

一流金口才2

销售人员："您好，您不必担心。我们这套产品的功效是保湿，采取纯植物配方，没有任何有害化学成分存在，什么肤质都可以用。哪怕您皮肤比较敏感，也是适用的，请放心哈。"

攻心策略

销售人员通过产品成分和产品功效突出产品的安全性，消除客户的担心。

把握男性客户的购买心理，尽快促成交易

实战片段

一位男士在××化妆品专卖店看中了一款精华油，在柜台正准备结账时说："这是给我老婆买的，等我回家问她一下。"

话术避雷区

雷区1："这点小事还要征得老婆同意？"

【点拨】尽管销售人员是和客户开玩笑，然而容易让客户反感，与客户交流时应注意用词。

雷区2："好的，您什么时候方便，与您妻子一同来选购。"

【点拨】表面上销售人员是为客户考虑，但实际上是放弃了这单交易。

雷区3："作为男人，您应该自己做主！"

【点拨】客户既然是为妻子而买化妆品，就可能需要征求妻子意见，销售人员如此回答，使得客户可能不会购买产品。

男性要送化妆品给妻子，其成交心理与女性客户是一样的，而且由于男性自尊心强以及选购产品的特点，成交率其实更高。

要引导男性客户完成购买，就必须由两个角度入手：在情感方面，把握男性客户自尊心强的特点，引导男性客户展示男儿本色，强调自己做主；在理性方面，突出产品优势，可以为妻子创造意外惊喜。若客户还是担心，销售人员可利用"无效退款"的承诺帮客户下定购买决心。

一流金口才 1

销售人员："您好，先生。夫妻之间，重要的事应当有商有量，但是您买礼物送给妻子，这也是您对妻子的一番心意。送礼物就要有一定的神秘感，只有这样才可以创造意外的惊喜啊。若您还要与妻子商量的话，就完全失去了惊喜的效果。"

攻心策略

销售人员站在女性的角度，向客户解释送礼物给妻子必须保持一定神秘感的理由，如此一来就能够轻松说服客户，促成交易。

一流金口才 2

销售人员："您妻子真幸福！我们这款产品是国际品牌，使用效果特别显著，您妻子肯定万分开心，会以拥有这么好的产品为荣！若您妻子认为不合适，没关系，一个星期之内都能够退换。我觉得像您这么果断的人，理应当机立断。要不，我先包起来，再给您装一些小样，就当作我们品牌对您妻子的一番心意，好吗？"

攻心策略

首先，适当恭维对方，缩短双方的距离；其次，以不喜欢一个星期内可以退换，刺激客户消费，让客户有一定的选择空间；最后，通过赠送小样使客户快速完成购买。

别在细节上与客户纠缠，引导其及时完成购买

娜莎想买一款眼霜，下班后来到一家化妆品店，销售人员给她介绍了几个品牌的眼霜，娜莎看了一下说："我去另一家化妆品店看看再定吧。"

雷区1："您不用对比了，最便宜的产品就是我们店的了。"

【点拨】在选购化妆品时，客户既关注产品的价格，又关注产品的功效，他们不会仅仅因为便宜就购买本店产品。

雷区2："这眼霜只要几十块钱，有什么好比的？都差不多。"

【点拨】有种看不起客户的意思在里面，容易激怒客户，既会导致交易失败，又会影响品牌形象。

雷区3："我们品牌产品种类丰富，没有比我们好的店了。"

【点拨】与客户交流时，不能为了提高自己而刻意诋毁对方，这会让客户觉得销售人员没有素质。

在购物时，客户为了拒绝销售人员而以"货比三家"为理由，其实是质疑销售人员的一种表现。不过，购买化妆品常常呈现出即时性

与冲动性等特点，如果客户表示要对比其他品牌，销售人员必须清楚意识到，客户存在强烈的购买意愿，如果就这样让客户走了，返回店内购买的可能性极低。

所以不能随随便便就让客户走出店铺；销售人员应信任自己的产品，坚信可以为客户创造更大的价值；切忌在细节问题上与客户纠缠不清。

如果客户表示要与其他品牌作对比，销售人员必须掌握以下四方面。

（1）思想上——认为自己的产品为客户创造的价值极高。

（2）语言上——认为时间不应花费在无意义的对比上，而应花费在产品的享受上。

（3）行为上——肯定客户货比三家的行为，支持客户对比的心态。

（4）促成上——通过开单以及包装等引导客户完成购买。

一流金口才1

销售人员："您好，您想和其他品牌对比的想法，我能够理解，我觉得您在消费上十分理智。那么，我们就总结一下什么是选购化妆品的重点：一是产品适用性，您刚才试用我们产品后发现与您的要求特别吻合；二是服务，我们全体同事都可以给予您最贴心的服务，让您满意；三是价格，现如今，化妆品行业的价格几乎都是透明的，同一品牌价格统一，不同品牌缺乏对比性；四是口碑，在过去多年的经营中，我们店的口碑和声誉都比较好。如果这四点都已经确定下来了，我相信您会正确选择的。"

▎▎▎▎攻心策略

销售人员先肯定客户对比的心态，适当赞美对方，并由化妆品的选购重点引导客户将关注点放在产品的享受上；然后再次恭维对方，使客户在盛情难却下接受购买建议。

一流金口才 2

销售人员："您好，市面上的化妆品专卖店比比皆是，挑来挑去更容易让自己眼花。其实选购化妆品必须以自己的肤质为参考依据，我介绍给您的这款产品与您的保养要求十分匹配。要知道对于女人来说，没有什么比青春更宝贵了，岁月不饶人啊！若您还有什么疑惑，尽管提出来，我一定尽自己的能力替您解决！"

攻心策略

销售人员坚信客户使用产品能够改善自己的肌肤，并提醒客户保养皮肤要趁早，如此一来既让客户感觉到时间的紧迫性，又可以刺激客户的冲动购买。

 当客户难以做出决定，销售人员需要站出来支持他们

在一家化妆品柜台前，一位时髦的女孩告诉销售人员，她想买一支口红，销售人员热情地给她介绍了几种色号，女孩说："我考虑一下吧，想好再决定。"

雷区 1："好吧，希望您下次再来我们店！"

【点拨】 这样回应客户其实是十分消极的，和直接放弃客户没有太大的区别。

雷区 2："您还犹豫什么呢？不是给您打折了吗？"

【点拨】 这样回应客户，容易让对方产生一种强迫购买的感觉，导致交易失败。

雷区 3："这口红也不贵，为什么还要考虑那么久呢？"

【**点拨**】这句话有种暗讽客户消费不起的含义，容易激怒客户，使客户在一气之下一走了之。

在购物时，人们有迟疑的心态很正常，特别是购买前表示"我再考虑考虑"。其实，客户要考虑是一种习惯，犹豫是因为没有足够的勇气和信心做出决定，只要有一个他们信赖的人站出来支持他们就可以了。

事实上，如果客户没有最终决定的话，他们还是会继续考虑下去。销售人员在促成交易环节，不应将太多的时间和精力放在客户为什么要考虑的问题上，这样会增加成交时间，让客户疑惑更大，购买欲望更低。反之，销售人员可通过人天生爱美丽的特点去引导客户完成购买，以自己的从业经验和专业知识坚定客户购买的决心。

销售人员应掌握以下应对话术技巧。

（1）说明理由："不管是从品牌、功效、质量或者价格方面来说，这款产品与您特别匹配。"

（2）赞美客户："一看您就是做事不拖泥带水的人，买化妆品这种小事更能够立马决断。"

一流金口才 1

销售人员："买化妆品不同于我们买房买车，需要考虑许久。难得您挑到这么合适的产品，刚刚也试用了，觉得很满意，与其自己为自己增添苦恼，倒不如当机立断，马上感受产品的使用效果。"

▌▌▌▌ **攻心策略**

作为销售人员，必须对女性客户选购化妆品的特点和心理变化了如指掌，并迅速发现客户痛点，引导客户购买。

一流金口才2

销售人员："看得出来您对这套产品特别喜欢，那么您还犹豫什么呢？如果您还有不明白的地方，可以提出来，我们一起解决。今天，您能够来到我们店就是一种缘分，我的职责是为您挑选到最合适的产品，您现在还在犹豫之中，说明我没有做好本职工作，请您说出来，让我及时改正，好吗？"

攻心策略

销售人员询问客户为什么还要犹豫，并将责任归结到自己身上，让客户难以说"不"。哪怕客户拒绝，销售人员也可以通过自我检讨的方式引导客户说出具体原因，做到"对症下药"，及时解决客户问题。

 ## 解决客户疑惑，才能使其购买意愿更加强烈

清妍看中了一款精油，发现价格很高，就有些担心地问

销售人员："精油这么贵，买回去没效果怎么办？"

雷区1："效果好不好，您用了就清楚了。"

【点拨】这样回答客户是不对的，客户只有了解产品使用效果后，才会决定买不买。

雷区2："我向您保证，我们的产品绝对有效！"

【点拨】销售人员不能如此承诺客户，若客户用了以后发现不起作用的话，如何安抚客户？最重要的是，会失去客户及其身边亲友的

信任。

雷区 3："这款产品的功效就是美白皮肤，如果它不起作用，说明您运气太差。"

【点拨】非但没有为客户解决问题，还会导致客户不悦，增加后续销售的难度。

如果客户担心产品不起作用，说明其购买愿望还是比较强烈的，只是还没有下定购买的决心而已，这是成交的重要时刻。销售人员应当意识到，只有找到客户痛点，解决客户疑惑，才能使客户的购买意愿更加强烈。

在解决客户担心产品效果的问题时，第一，销售人员要通过自己的业务技能和对产品的熟悉程度，让客户的疑惑得以顺利化解；第二，用事实说话，尽量以客户真实使用效果及反馈等重要数据去消除客户疑虑；第三，由客户心理出发，引导客户想象自己使用产品后得到的效果，坚信产品有效。只要销售人员可以做到上述三点，交易就很容易顺利完成。

为了促成交易，销售人员必须掌握以下应对方法。

（1）关注并判断客户发出的交易信号。

（2）适当恭维对方，增加对方的使用信心。

（3）把握时机，围绕客户心理，引导客户迅速下单。

（4）敢于尝试，不断挑战自我。

一流金口才 1

销售人员："您好，我今天给您介绍的这款产品是根据购买化妆品的三大原则去筛选的。第一，它与您的皮肤特点十分吻合；第二，

这款产品的功效是我们所有同类产品中最显著的；第三，它采取××配方，没有重金属成分存在，安全指数极高。您若是正确使用并坚持下来的话，不可能没有效果的。哪怕无法完全解决您的粉刺问题，至少可以改善您的肌肤状况啊！"

攻心策略

销售人员根据购买化妆品的三大原则向客户解释产品功效，但不能向客户打包票一定可以彻底治愈，在语言上应保留一定的余地，让客户更加信任销售人员。

一流金口才 2

销售人员："您好，市面上不乏各种各样的同类产品，它们的功效也不尽相同。我刚为您介绍的这款产品，是针对您的皮肤特点选择了所有产品中功效最显著的一款，与价格没有什么关系。如果您决定购买这款产品，保证长期使用的话，效果一定会看得到的，不用担心！"

攻心策略

销售人员先向客户解释，这款产品是针对其皮肤特点而介绍给她的，增加客户的使用信心，迅速完成交易。

客户对比其他产品后再回来，销售人员也要宽容对待

实战片段

某化妆品专卖店内，一位挑剔的客户拒绝了销售人员的介绍，还说要去别的店铺转一圈看看。过了一会儿，这位客户回到店内。

话术避雷区

雷区 1："转一圈后，还是认为最好的产品在我们家吧！"

【点拨】如此回答客户未免有些自吹自擂了，容易让客户不悦。客户再次回来说明其有购买本店产品的意向，销售人员必须热情接待。

雷区 2："让我猜中了吧？就知道您还会来我们店的！还不如上次就买了！"

【点拨】这容易让客户觉得销售人员在嘲笑自己，对销售人员产生反感。

客户回到店内，销售人员应当高兴才对，这说明其更倾向于本店产品。这是促成交易的关键时刻。只是，客户再次回头难免有些不好意思，怕自己处于弱势状态，继而装作很不在乎的样子。

销售人员在接待此类客户时的态度决定了客户是否会购买产品。所以，销售人员需要重新热情接待回头客户，忽略客户所说过的话，哪怕对方还是一如既往的挑剔，也必须以宽容心对待。只要服务专业，认可他们的眼光，交易自然就会顺利完成。

如果客户再次回头，销售人员可利用以下方式引导客户完成购买。

（1）表示欢迎："我很开心您再次认可我们。"

（2）认同产品："您经过一番对比后，还是更喜欢我们产品，对吧？"

（3）提供服务："您还有哪些不了解的地方，尽管提，我会尽全力为您服务。"

（4）促成交易："经过对比，说明您心里已经有定论了，我相信您做的决定肯定不会错。"

一流金口才 1

销售人员："您好，欢迎再次光临！您再次光临我们店，说明信任我们品牌，哪怕您今天不买，您的行动也鼓励了我。您还有什么疑问尽管问我。若您还需要再考虑一下，或是对我工作有什么不满意的地方，尽管提出来，我一定会努力改正。现在，您对我们品牌产品都有了一定的了解，肯定会知道如何选择的！"

 攻心策略

销售人员先热情招呼回来的客户，以退为进，以守为攻，以专业、优质、贴心的服务打动客户，促成交易。

一流金口才 2

销售人员："您好，欢迎光临，看到您再次回来，我特别高兴。主要是觉得您信任我们，让我工作起来更有动力！您刚才对比了哪些品牌呢？可以和我说说看吗？让我也了解一下别人的长处，并完善自己，继而为您提供更好的服务！"

 攻心策略

销售人员先欢迎回来的客户，接着以再次见到对方很开心去问候客户，使客户拥有轻松愉快的购物体验。

牢记"内外一致"原则，顺利完成开单和收银

一位女士在一家化妆品店挑选好了心仪的产品，来到收银台前正准备埋单。

雷区 1："您好，您选择现金还是刷卡？"

【点拨】销售人员与客户的交流太过死板，未能让客户感受到我们专业的、优质的服务。

雷区2："您好，这是找零，麻烦您收好。"

【点拨】销售人员并未提醒客户及时核对金额，不遵守唱付原则，要知道，唱收唱付是一个合格销售人员必须做到的。

如果交易进入收银环节，说明交易即将完成。从客户的角度而言，他们买到心仪的产品，期望自己变得更好、更美丽。从销售人员的角度而言，其努力被客户认可。从门店的角度而言，销量增长，经营目标顺利完成，达到三方共赢的局面。

销售人员要想顺利完成收银工作，并非那么简单。在收银时，一个出色的销售人员必须做到内外一致。销售人员根据唱收唱付标准，向客户递交现金、找零、产品以及收据等时必须以双手奉上；销售人员以笑容和诚恳的态度感谢客户，使客户在轻松快乐的气氛中完成购买。

下面就是收银必须掌握的主要技巧。

（1）唱收唱付，向客户详细说明产品的名称、数量以及金额。

（2）以双手去呈递物品。

（3）提醒客户注意核对金额并将相关票据保管好。

（4）为客户打包时，在包装袋中放置本店的介绍卡或宣传资料。

（5）以真诚的笑容与客户对视、交流。

一流金口才1

销售人员："您好，您购买的彩妆套盒共计×××元，您是选择支付宝或微信埋单，还是刷卡或者现金？"

客户："刷卡吧。"

销售人员："好的，美女，请您输入密码（以手势引导客户输密码，成功后将账单交到对方手上）。成功付款了，麻烦您签一下字。好了，请您保管好这些单据，我们店的宣传资料我也为您放一份在袋子里，里面有最新的夏季护肤品介绍以及产品优惠券，您可以留着下次消费时用来抵扣现金，或者送给朋友都行，谢谢！"

攻心策略

首先，向客户详细说明产品的名称、金额以及数量；其次，主动询问客户选择以什么方式付款；然后，在客户付款成功后，提醒客户将有关的票据保管好；最后，向客户说明在打包商品的时候顺便将宣传资料放进了包装袋，提醒客户下次使用。

一流金口才 2

销售人员："您好，您这次分别购买了面霜、乳液以及眼霜各 1 件，一共需要支付 487 元。"

客户："好的。"

销售人员："收您 500 元，请稍等。"

销售人员："您好，找回您 13 元，麻烦您核对一下，顺便核对一下收银小票。我们店是以这张小票为售后凭证的，您也可用来换取积分，您可以根据上面的客服电话或者网址联系我们。若您想掌握最新的美容化妆资讯或有关于我们品牌的促销信息，可拨打我们的客服电话或浏览我们的网站，我们将竭诚为您服务，谢谢。"

客户："谢谢。"

销售人员："您购买的商品已经包装完毕，麻烦您核对一下。谢谢您对我们的支持和信赖，期望看到您更美的样子，祝您生活愉快！"

攻心策略

销售人员将客户购买的产品清晰地说出来，并利用唱收唱付防止在支付金额上出现问题，向客户解释售后事项，并真诚地祝福对方。

第八章

售后服务攻心话术特训

交易完成不等于销售工作也完成了。现代社会中，人们越来越讲究服务品质，所以在市场竞争中，除了商品价格的竞争以外，就是服务的竞争了。更多更好的售后服务，不仅会增加客户对产品的信心，还会吸引客户第二次消费以及主动向别人推荐。

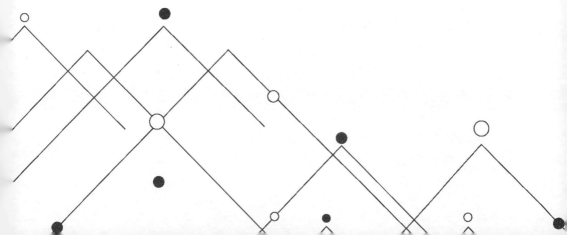

将相关联产品介绍给客户，实现再次销售的可能

在一家化妆品专卖店内，销售人员正将一位女士购买的化妆品交到其手中。

雷区1："您还需要购买其他产品吗？"

【点拨】尽管销售人员向客户进行了关联销售，然而如果可以收集更多的客户资料，则更容易成功。

雷区2："我们有着相当丰富的彩妆系列，您要不要买点儿？"

【点拨】缺少具体目标，无法激起客户的购买欲望，一般都会失败。

雷区3："很快就是夏天了，您要不要顺便买一瓶防晒霜呢？"

【点拨】并未说出产品之间的联系，大部分客户都不会接受，所以销售人员应根据客户选中的产品进行关联介绍。

所谓关联销售，是指客户成交后，销售人员按照客户购买的产品的类型和功效，将相关的配套产品介绍给客户，以此实现再次销售的可能。

在关联销售中，销售人员及团队必须做好下面几点：第一，销售人员具备丰富的促销经验；第二，店铺销售气氛以及团队销售人员必须互相配合。但是，关联销售的先决条件是客户必须完全信任销售人员，且销售人员能够激发客户的购买兴趣。

下面就是关联销售的几种技巧。

（1）情景关联法——将所有新品、促销商品、应季产品或者特价商品作为关联介绍的切入点。

（2）权威关联法——通过比较权威的第三方机构或人员，如社会上的相关专家提供美容指导等作为销售产品的优势之一。

（3）产品关联法——将与客户购买产品的关联产品，如可搭配使用的产品，介绍给客户。

（4）利益关联法——通过部分额外利益，如积分计划以及会员卡活动等引导客户购买。

销冠特训营

一流金口才1

销售人员："您好，这是您本次购买的产品，要保管好哦。马上就是夏天了，气温不断升高，紫外线也日渐强烈。如不及时做好防晒的话，不是被晒伤，就是被晒黑。被紫外线照射过多的话，还可能会导致皮肤癌的发生。您刚才说没有防晒霜，我现在给您推荐一款如何？"

攻心策略

销售人员在完成收银工作后实施关联销售。利用客户缺少防晒霜的事实，通过情景关联法将相关的防晒霜介绍给客户，并将相关的防晒知识介绍给客户。

一流金口才2

销售人员："您好，这款保湿套装是您刚刚选购的，请收好！还要告诉您一个特大好消息，一款彩妆套盒刚到我们店。因为马上到假期了，您肯定少不了各种娱乐活动，到时免不了要化妆的。那样一来，彩妆产品是少不了的。我们店的彩妆套盒特别适合您，有眼影、眼影刷、唇彩以及眼线笔等，品种齐全，购买的话，还可以获得一份精美礼品——一个特别精美的化妆包，可以装下您今天买到的所有产品。"

 攻心策略

销售人员根据马上临近节假日，将相关的彩妆套盒介绍给客户，并为了激发客户购买而采取利益关联法，如赠送化妆包等。

锻炼高超的送客能力，为店铺带来更多的客源

芷蓉在某化妆品店购买了一些面膜，准备离开。

雷区1："王女士，新品下个星期到，到时欢迎您来挑选！"

【点拨】销售人员随意向客户推荐的新品，很难激发客户的购买欲。

雷区2："慢走，期待您的下次光临！"

【点拨】统一的回答方式，让客户感受不到销售人员发自内心的热情，重复回购的可能性较低。

送别客户是店铺销售的最后一个环节。销售人员用真挚的话语与客户告别，可以让客户满心欢喜地离开，并对此店铺记忆深刻。所以，销售人员必须具备较高的送客能力，只有如此才可以为店铺带来更多的客源，继续发展下去。

不管客户购买产品与否，销售人员都必须发自肺腑地送别客户。只要他们从店里走出去，销售人员都必须将最真诚的祝福赠予他们，

亲自送到门口，目送他们离开，直到他们从视线里消失。唯有如此，才可以打动对方，使他们成为店铺的忠实客户，又能利用口碑效应为店铺带来更多新客户。

销售人员在送别客户时，必须掌握以下送别话术技巧。

（1）老客户："这次就送您到店门口吧，以后逛街记得来找我，我会一直挂念您的。"

（2）成交客户："感谢您的光临，希望以后可以再见到您，为您服务。"

（3）未成交客户："请慢走，以后也常来逛逛。"

一流金口才1

销售人员："谢谢您成为我们的会员，我和我的同事衷心地谢谢您！谢谢您支持我们、信任我们。我们真心地希望您有时间多来逛逛，希望通过我们店的产品，让您更加美丽动人。"

攻心策略

销售人员送别客户时，应向对方传达销售人员对他们的感激之情，让客户体会到销售人员对其的关注和重视，增加对门店的印象和记忆。

一流金口才2

销售人员："我们店八周年店庆活动将在本月10日隆重举行。到时会针对老客户一直以来的支持和信赖搞些活动，如进店有礼、买满即送、赠送会员资格等，请您到时候务必来看看，带上朋友更好。到时来找我，送您一份精美小礼品！"

攻心策略

为了吸引老客户的重复光临，销售人员应将具体的店庆促销活动详细告知对方。

一流金口才 3

销售人员："尽管您这次没有选中满意的化妆品，还是希望您可以再次光临，多来走走。若店里没有您想要的化妆品，尽管和我说，我会尽量帮您找到。哪怕您不买，也可以常来店看看，我们随时恭候您的到来，谢谢!"

攻心策略

哪怕客户这次并没有购买产品，销售人员也要热情款待他们，以真诚的服务打动客户，为客户留下良好的印象，这样下次他们有需求的时候可能会第一时间想到这个销售人员。

一流金口才 4

销售人员："尽管和您接触的时间比较短，但是通过与您的交流，觉得您是一个亲和力特别强的人。希望本次服务能令您满意，以后还能继续为您服务。我叫×××，××是我的工号，您下次来请记得找我。希望我们的产品能够进一步改善您的皮肤，让您越来越美，越来越年轻，谢谢光临!"

攻心策略

首先，感谢客户的购买；其次，向客户提供继续为其服务的请求；然后，将自己的名字与工号告诉客户，增加客户的印象；最后，真诚地祝福客户。

 摸清客户的心理，使客户愉快地购物

经过一番挑选，新珊终于在一家化妆品专卖店买到了喜欢的口红、眼影以及粉底。

雷区 1："我替您包装一下商品。"

【点拨】 销售人员只是根据统一的流程与客户交流，并未很好地调动客户的情绪，增加客户的购物乐趣。

雷区 2："您已经很美丽了，美女。"

【点拨】 当客户沉醉于自我憧憬或者自我快乐当中时，销售人员直接打断对方的话容易让对方心里不悦，不利于后续销售以及品牌形象的巩固。

雷区 3："如果您认为效果好的话，记得向身边的亲朋好友介绍介绍哦。"

【点拨】 销售人员迫切要求客户将产品介绍给身边的好友，容易让客户产生扫兴的心理，毕竟客户还在为买到心仪化妆品而兴奋。

有时候，部分客户购买化妆品并非出于迫切使用需求，更多的是为了享受购买的乐趣，享受自己可以拥有某一物品的瞬间快乐。可以说，在购买活动中客户获得的快乐远远大于他们使用产品的乐趣，哪怕这种快乐一闪而过。所以，作为销售人员，应想方设法调动客户的快乐情绪，延长他们的快乐时间，使交易更加圆满地完成。

在交易完成后引导客户，其实就是利用热情的接待和适当的恭维，使客户通过购物迅速进入一种兴奋的状态中去。而且，销售人员还要祝福客户，以真诚的语气期待见证客户的蜕变，使他们在没有使用产品以前就开始憧憬自己更加美丽动人的样子。而这才是客户最渴望的、最向往的一种消费体验。

交易成功后引导客户心理时必须掌握以下技巧：

（1）恭维客户，话语要如同冬天的阳光一般温暖。

（2）目视客户，如同眼前的客户就是传说中的白雪公主。

（3）肯定客户，引导客户自我暗示。

（4）笑对客户，如同看到客户刚收到男朋友送来的玫瑰，眼神里全是羡慕之情。

一流金口才 1

销售人员："好美！您现在只是用了我们的口红、眼影以及粉底，就能够呈现出这么好的效果，完全不敢相信。您皮肤底子好，产品选得好，堪称我们品牌的最佳代言人了！真是让人羡慕啊！"

▎▎▎▎ 攻心策略

销售人员恭维客户，以品牌代言人去形容客户，使客户得到心理上的满足。

一流金口才 2

销售人员："您眼光太好了！我们店的眼影产品特别多，您竟然一下子就挑到这么适合自己的，而且效果这么出众，就好像这款产品是为您量身定制的一样。这么看来，您和我们品牌的缘分特别深啊！"

▎▎▎▎ 攻心策略

销售人员先肯定客户的眼光，接着对该产品的适用性与客户的使用效果进行进一步的夸奖，增加客户对产品使用功效的满意度并增强满足感。

一流金口才 3

销售人员："您的眼光真是独到啊，真让我们佩服。刚才您选中这款口红时，我还有点担心，没想到您完全可以驾驭这种颜色。而且，我发现您在色彩方面特别敏感，虽然我在美容化妆品行业工作了多年，但都比不上您啊！您值得我好好学习！"

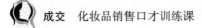

攻心策略

销售人员先肯定客户，拿自己多年的从业经验与客户对比，衬托出客户的眼光独到，进一步激发客户的购物满意度。

消除客户防范心理，他们才会心甘情愿留下个人信息

绮兰在某化妆品专卖店买了一些化妆品，还想办理一张会员卡，但是她担心泄露隐私，不愿意登记个人资料。

雷区1："既然您已经开通我们的会员卡，麻烦您填写一下个人信息。"

【点拨】没有和客户说清楚，客户一般会拒绝填写资料，毕竟每个人都害怕泄露自己的个人信息。

雷区2："你好，麻烦您填写一下个人信息，可以吗?"

【点拨】如此直白的询问，容易让对方拒绝，并质疑销售人员的目的。

从门店的角度来说，完成交易后，客户留下的个人信息就是店铺维护客户关系并管理客户的关键，不过从客户的角度来说，这样做容易泄露个人信息。因此，愿意留下个人信息的客户比较少，既害怕被电话打扰，又担心为自己增加麻烦。所以，出于对自身的保护，客户拒绝留下个人信息也是人之常情。

销售人员要想消除客户的防范心理，使其心甘情愿留下个人信息，

就必须向对方作出不泄露个人信息的承诺，提前将各项准备工作做好，保证填写资料快捷。同时，销售人员应向客户说明填写资料可以享受何种优惠和权益，包括发送促销信息、新品信息或者生日礼品等。增加客户的安全感，客户就会配合销售人员留下信息。

销售人员要想客户按照要求填写个人信息，必须掌握以下技巧。

（1）强调安全性："我们保证不会泄露您的个人信息。"

（2）强调利益性："门店一旦发布新品或举行促销活动，会第一时间联系您。"

（3）强调简单性："填写一下您的联系方式和名字即可。"

（4）强调便利性："觉得麻烦的话，我来填写，您说一下就行。"

一流金口才1

销售人员："请您留下个人信息，是因为您在我们店消费，购买的产品也比较具有代表性。因此，我们希望可以长期为您服务，没有其他意思的。您尽管放心，我们一定会把您的个人信息保管好，不会泄露。我们在发布新品、举行店庆或者特卖、美容沙龙等活动时，会第一时间以短信方式告诉您。特别是美容沙龙，我们会聘请知名的美容师为每一个客户量身定制个人保养计划，若无法联系您，您就无法参加这些美容沙龙了，多可惜啊。而且，在生日当天，您凭我们发送到您手机里的生日祝福短信，来我们店的话能够获得精美礼品一份！可见，您留下个人信息的话，能够获得一系列的优惠。"

攻心策略

销售人员先肯定客户的眼光和水平，接着向客户详细解释留下个人信息后能够获得的优惠，取得客户的信任，使客户接受填写个人信息的建议。

一流金口才 2

销售人员："要是您认为填写太麻烦，我可以替您写，您简单说一下就行。只需要留下您的联系电话与名字即可，比较简单，马上就可以填写完毕，还没有您抹口红的时间长呢。"

 攻心策略

如果客户表示怕麻烦，销售人员可提出为客户填写的建议，再向其解释需要填写的简单信息，使客户的疑虑得到有效解决。

一流金口才 3

销售人员："您是不是觉得留下个人信息的话容易泄露？您请放心，本店有严格规定，必须严格储存每一个客户的信息资料，严禁外泄。另外，我们只有在发布新品、举办美容沙龙或者促销活动等，会以短信通知您，绝对不会打扰您的生活与工作的，请您放心！"

攻心策略

若客户害怕销售人员会泄露个人信息，则销售人员必须重点强调信息保管的安全性，然后再强调客户填写个人信息后可以享受哪些优惠，使客户放下警惕，信任销售人员。

维护与老客户的关系，适时提出介绍新客户的建议

宋女士是某化妆品专卖店的老客户了，这天她又来购买了一些化妆品，已经付过款，销售人员正把包装好的化妆品递给她。

雷区 1："宋女士，有什么朋友可以介绍给我们吗？"

【点拨】在没有作任何铺垫的情况下，直接让老客户给销售人员介绍新客户，难免让对方有点不乐意。

雷区 2："如果觉得效果好的话，请多为我们品牌做宣传，谢谢。"

【点拨】通过随口嘱咐客户，客户为销售人员介绍新客户的概率较低。

雷区 3："宋女士，以后和朋友出来逛街的时候，记得来看看我们。"

【点拨】没有提及详细时间以及客户能够从中得到什么好处，客户自然不会主动配合。

请求老客户为门店介绍新客户是销售人员的职责，唯有如此，才可以增加客源。所以，销售人员必须定期维护与老客户的关系，在适当的时候将转介绍的建议提出来。如果销售人员采取的方法得当，时机合适，客户一般不会拒绝。

销售人员应将客户当成自己的朋友，引导客户与其他人分享自己的购买心得。哪怕与老客户已经相当熟悉了，也必须找到一个非常合理的理由，比如发布新品或者搞特卖等，增加转介绍的成功率。

要想让老客户为店铺带来更多新客户，销售人员应掌握以下技巧。

（1）活动设计法——针对客户转介绍推出相应的促销活动，不断扩大店铺的客源规模。

（2）利益法——通过额外积分以及礼品赠送等激发老客户转介绍的兴趣。

（3）情感法——强调老客户应该与好朋友分享自己喜欢的产品。

（4）介绍卡法——通过派送门店宣传资料或者介绍卡向客户提出转介绍的建议。

（5）直接开口法——将转介绍的请求直接提出来。

一流金口才1

销售人员："您好，这是我们店铺针对老客户推出的介绍卡。您拥有这张卡以后，在我们店购买所有正价商品能够打九折，您自用也行，赠送给朋友也行。您放心，我肯定会热情接待您介绍过来的朋友。若我们的产品可以满足您朋友的需求，将是我们的荣幸。为了表示对您的感谢，我们会根据您朋友的购买金额，返给您一定的积分。马上就是黄金周了，到时还可以赠送您精美礼品哦。我们的介绍卡是限量的，请务必细心保管。"

▌▌▌▌ 攻心策略

销售人员通过介绍卡婉转地向客户提出介绍新客户的建议，告诉客户介绍朋友过来购物可以享受哪些优惠，激发客户为店铺介绍新客户的动力。

一流金口才2

销售人员："宋女士，虽然我们接触的时间不多，但我认为您是一个相当热情的人，广交朋友，乐于分享。所以，告诉您一个好消息，本店正在举办'爱分享、爱美丽'大型促销活动。若您喜欢我们的产品，请记得向身边的朋友推荐。若您能够发动三个或以上的朋友来我们店消费，就会获得我们提供的实用性非常强的彩妆工具一份。您可以多拿点宣传材料回去，送给身边有需要的朋友，或将您朋友的姓名写在这张登记表上。"

▌▌▌▌ 攻心策略

门店通过"活动设计法"推出客户感兴趣的活动，使他们可以主动提供朋友信息。

一流金口才3

销售人员："您好，我们女生买到喜欢的化妆品或掌握皮肤保养技巧时，一般都会主动与其他朋友分享的，这样能让朋友间的距离更近。既然您是听了朋友的介绍来买这款眼霜的，如果您使用后喜欢上这款眼霜的话，记得向身边的朋友或亲人介绍哦。"

 攻心策略

销售人员通过"情感诉求法"向客户说明与朋友分享好东西的意义，并强调分享能够让自己和朋友都快乐，满足客户的情感需求和心理需求。

先掌握客户调换货的原因，再采取妥当的应对策略

沛香在某化妆品店购买了一支口红，回到家以后又觉得颜色不好看，第二天来到店里要求换色号。

雷区1："不好意思，根据公司规定，您拆开并使用口红后是无法调换的。"

【点拨】销售人员不够热情，直接拒绝客户容易伤害到客户自尊心，还会为客户留下较差的印象，使店铺的整体形象受损。

雷区2："如果我现在给您换，您能向我们做出以后不再换的承诺吗?"

【点拨】也许客户会想，解决了这次问题，以后就不来这家店买了。

一个出色的销售人员，必须掌握客户的内在需求和外在需求。客户都想买到价格更低、质量更好的产品，这是外在需求；同时他们又

希望得到他人的恭维与赞美，这是内在需求，作为销售人员必须了解这一点。

大部分客户在选购化妆品时比较冲动，这种情绪可能让他们很快就决定购买，但情绪的多变也会带来很多意想不到的变化。如客户昨天才买的商品，今天就要求换货。若是仅仅要求换货，则客户的问题不难处理，但是若处理不当，就会导致客户直接要求退货。

不管客户要求换货的原因是什么，销售人员都必须先安抚客户，通过与客户的交流掌握他们换货的原因。若产品本身与客户很适合，只是因为他人的建议而导致客户产生换货想法的话，销售人员应再次肯定产品的价值，增加客户对产品使用效果的信心。若客户执意要换货，那么要根据店铺的换货流程进行，尽量使客户可以选购到喜欢的商品。

一流金口才1

销售人员："您好，为客户服务是我们的经营宗旨，我肯定会妥善处理您的问题。先别急，您可否先和我说说，您昨天明明很喜欢，现在又认为不适合的原因是什么呢？"

客户："我本来是挺喜欢的，可是，我身边的朋友都说我的肤色和这个颜色不搭。"

销售人员："好的，购买口红时，第一感觉特别重要。您昨天一眼相中了这个颜色，甚至试都不试，说明您很喜欢它。说实话，我认为您和这个颜色特别配。要不，我先免费给您化妆，然后搭配这款口红使用，您看了效果后再做决定，好吗？别人喜不喜欢无所谓，自己喜欢才是真的好。"

攻心策略

销售人员先安抚客户情绪，接着询问客户为什么换货，掌握原因后再对症下药，说服客户，让客户接受销售人员免费为其化妆的建议，以此来验证客户的选择是正确的。

 一流金口才 2

销售人员："您好，您能提供商品与收银票据吗（为了保证商品可以继续销售，要求客户提供相关票据并检查商品）？这是您昨天购买的商品，没有拆封过，您可以换成您喜欢的其他颜色。只是，您昨天明明是精挑细选的，是什么原因使您认为不合适呢？"

▊▊▊▊ **攻心策略**

销售人员检查商品后觉得可以再次销售后，先向客户说明同意退换，在客户情绪稳定下来后，再仔细询问客户要求换货的原因，并在此基础上迅速解决问题。

正确处理化妆品效果问题，才能维护好双方的关系

怀云在某化妆品店购买了一些护肤品，使用了几天感觉没有效果，就来到店内进行投诉。

雷区 1："您好，您觉得效果不明显，主要是因为您使用的时间比较短，您再用一段时间就能够感受到了。"

【点拨】此种应答方式可以应付容易说话的客户，如果客户比较难缠，这种做法基本没有效果。

雷区 2："您使用时间短，效果不显著是正常的，这不是药，这是化妆品！"

【点拨】这种答复不会让客户满意，还容易使双方发生冲突。

雷区 3："这款产品是本店最好的，若您觉得没效果的话，我无能为力。"

【点拨】如此推卸责任，客户未必会生气，但一定不会再信任这个品牌。

任何化妆品都必须使用一段时间才可以看到效果，加上人与人的肤质不一样，化妆品的使用效果也有所不同。所以，常常会收到部分客户的投诉，表示效果欠佳或完全没有效果，投诉最多的产品主要集中于如抗皱产品、美白产品、祛斑产品、祛痘产品等。

许多因素会导致化妆品无效，所以作为销售人员，必须弄明白是什么原因导致产品无效。若问题是出自客户身上，销售人员应协助其解决；若问题出自产品本身，也必须敢于承认，不推卸责任，与客户共同商讨妥善的解决方案。

下面是致使客户在化妆品使用中效果欠佳的一些主要原因。

（1）客户没有按照产品的正确使用方法去使用。

（2）产品与客户的肤质并不相符。

（3）客户希望能够迅速看到效果。

（4）使用期间客户由于不规律的生活作息、饮食或者疾病等原因造成产品无效。

（5）客户期望过高，超出产品的实际功效。

一流金口才 1

客户："用了一个月，变化不大，我认为这个祛斑霜效果不明显。"

销售人员："您好，您的使用方法规范吗？是根据我说的使用流程使用的吗?"

客户:"对啊,我就是根据您说的去做的,为了不被太阳晒,我这一个月都待在家里,哪儿都没去!"

销售人员:"那使用我们产品后,是否加深了您脸上的色斑了呢?"

客户:"和过去一样,没什么区别。"

销售人员:"您的心情我非常理解。毕竟色斑很让人头疼,祛斑需要较长的一段时间才可以看到效果。当然,祛斑霜添加了有害化学物质或者重金属后,效果倒是特别好,但是是对皮肤有害的。而这款产品的卖点就是安全祛斑,起码使用一段时间,效果才会看得到。若您想祛斑效果更有保障的话,我觉得您可以与这款××产品搭配使用,为肌肤补充更多的×××,利用内调外敷,使祛斑效果更好。"

攻心策略

销售人员先了解客户情况,分析问题是出自产品身上,还是出自客户身上;再向客户说明祛斑需要较长一段时间才可以看到效果,成功取得客户信任,并推荐关联性产品。

一流金口才 2

销售人员:"您好,您能和我说说为什么您觉得这款眼霜不好用吗?您尽量说详细点,好让我为您找到原因,使问题得以有效化解。"

客户:"这款产品是我在本月 10 日买的,至今用了十多天了,虽然稍微改善了黑眼圈问题,不过我的眼袋和皱纹变化不大,淡斑效果微乎其微。"

销售人员:"好的,您的意思我明白了。您认为这个眼霜确实有效,只是和预期还是有点出入,对吗?"

客户:"是的。您向我介绍时,明明说能够去黑眼圈、淡化皱纹和眼袋的。"

销售人员:"听您这么说,首先我要祝贺您了,毕竟您的黑眼圈有了明显的改善。只是，眼袋和皱纹是长时间才形成的，不可能一下子就消除的。就拿您来说吧，为了保障产品效果，您得保证睡眠充足，不要长时间对着电脑。"

 攻心策略

销售人员通过与客户交流掌握具体原因后，才能对症下药。如果发现是因为客户缺乏耐心而认为产品无效的话，应说服客户继续使用，提醒客户控制用眼时间，保证睡眠充足；积极安抚并稳定客户情绪，及时解答他们的疑问。

针对化妆品过敏投诉，首先要稳定客户的情绪

几天前，诗柔在某化妆品店购买了一款滋润霜，使用了几天以后脸上出现了过敏现象，于是她气愤地来到店内进行投诉。

雷区1："是吗？不好意思。"

【点拨】客户使用后出现过敏情况，销售人员必须重视，而非单纯地道歉。道歉不能解决任何问题，更无法消除客户的怒气。

雷区2："这是使用产品后出现的一种正常反应，并非过敏。"

【点拨】有种暗讽客户无理取闹的意思，容易触怒客户，与销售人员发生不必要的冲突。

雷区3："要不，我替您退了？"

【点拨】客户未必会因为销售人员同意退货而消气，甚至会要求索赔。

行家如是说

客户使用产品后出现过敏的情况，是比较严重的，销售人员必须重视。任何客户都不希望使用化妆品后出现过敏情况，只是在使用化妆品期间，的确有少数人会出现过敏现象，这是小概率问题，是不可避免的。哪怕客户谨慎使用，也会由于特殊体质而出现过敏。若销售人员向客户介绍产品时忽略了这一点，就会导致后续的投诉。

出现皮肤过敏后，客户常常会变得非常愤怒，所以，如果客户由于过敏而回来投诉时，销售人员必须想尽一切方法安抚客户，了解客户过敏的来龙去脉，找到过敏的原因。应理解客户，让客户将心中的怒火完全发泄出来。因此，作为销售人员，首先要做的就是稳定对方的情绪，迅速查找原因，为客户提供一个合理的解决方案。

在处理不同过敏反应的投诉事件时，解决方法也有所差异。

（1）客户不按照要求使用产品的解决方法：向客户解释产品的正确使用流程，纠正客户的错误使用步骤。

（2）客户过敏情况显著的解决方法：马上退货，跟进客户后续情况，强调客户和产品缺少缘分。

（3）客户投诉为产品使用期间的正常现象的解决方法：激发客户继续使用的欲望，建议客户不要轻易放弃，并以说明书等相关信息向客户说明原因。

销冠特训营

一流金口才 1

销售人员："您确实出现轻微的过敏了。这个面膜主要功效是补水，大部分人都没有遇到过敏情况。您过敏，可能是您使用方法不当。您的皮肤比较油，毛孔较粗大，在使用面膜前应彻底清洁皮肤。以我的经验来说，毛孔之所以会出现堵塞的情况，是由于毛孔被一些油脂污垢或化妆品残余等堵塞。在接下来的三天里，您停止使用面膜，待皮肤恢复到正常状态后再继续使用，并且在使用前清洁皮肤，这样应该就不会再出现过敏的情况了。"

攻心策略

如果客户是因为产品使用不当而发生过敏时，销售人员必须教客户如何正确使用产品，使客户了解产品的正确使用步骤。

一流金口才 2

销售人员："美女，您脸上的皮肤有些微红，确实是过敏的现象，应该是这款防晒霜不怎么适合您的肤质。很抱歉发生这样的事情，那么您是想把这款防晒霜退了，还是想换一种温和一点儿的防晒产品呢？"

客户："考虑到过敏的因素，您还是先帮我安排退货吧！另外，我脸上的红色皮疹该怎么消除呢？"

销售人员："您放心，您只是有点轻微的过敏，不是很严重。您今天开始停用，恢复期间要注意面部卫生，不要用手抓，也不要使用其他的化妆品，饮食上要以清淡为主，不食用油炸或辛辣的食物，一般几天内红疹就能消退。我们先给您办理退货，3 天后如果红色皮疹还是没有消退，到时您再来找我们，我们再想想其他的办法，您觉得怎么样呢？"

攻心策略

对于有过敏反应的客户，销售人员应该先安抚客户的情绪，观察客户的过敏程度，再结合客户的实际情况提出方案供客户选择。在客户选择退货后，应尽快帮客户办理退货手续，并提出相关后续的跟进处理方案。

一流金口才 3

销售人员："您说详细点，不急，我会给您一个交代的。您的脸部微微有点发红，这是这款洗面奶的特点，毕竟它是去角质的，刚开始使用时会导致脸部有些发红或者轻微蜕皮，这是正常的。虽然说明书也提到了，不过我之前可能忽略了，没有特别和您详细说明，是我工作不周，对不起，请您谅解。不过，您这种情况不属于过敏，继续使用的话，一定会看得见效果的。"

 攻心策略

如果客户使用产品后，出现的反应属于正常现象，则销售人员必须向客户详细说明；顺便针对购买时销售人员没有向客户重点说明的问题，向客户真诚道歉，引导客户坚持使用下去。

遇到客户要求退货时，销售人员应该保持冷静

某化妆品店内，一位女士气冲冲地走进来，对销售人员说："你家化妆品质量太差，马上给我退货！"

雷区1："您好，您的产品刚才我帮您查询了，购买时间已经超出了退换的期限，非常抱歉，不能给您安排退换了。"

【点拨】这有种暗讽客户无理取闹的意思，客户本身就一肚子火，销售人员再这样说，容易导致矛盾升级。

雷区2："抱歉，根据公司规定不能退货的，请您见谅。"

【点拨】以公司规定去回应客户，岂能轻易打消客户退货的念头？如此回应客户几乎没什么作用，并会让其他客户不信任品牌和服务，破坏品牌形象，降低品牌声誉。

无论哪个行业，销售退货一直是个非常棘手的问题。销售人员的

业绩与收入直接挂钩，已经卖出去的产品一旦产生退货，必定会为销售人员带来压力。若接受客户的退货，不仅影响销售人员的业绩，还会让销售人员对自己的销售能力失去信心。所以，在遇到客户提出退货的请求时，销售人员不能表现出怠慢的情绪，应调整好自己的心态，积极地为客户处理退货事宜，使客户建立对品牌的好感和信任。

客户选择退货的原因五花八门，有的客户觉得贵了，有的客户觉得不实用，甚至有的客户说不清楚退货的具体原因，仅仅是想退货而已。所以，销售人员在遇到客户退货时，都应该保持应有的修养。如果销售人员只是一味地跟客户解释门店明文规定不能退货的原则，反而会让客户产生逆反心理，更不利于与客户进一步的交流。因此在对待客户退货时，销售人员应先缓解客户的情绪，并礼貌地询问客户退货的原因。如果是因质量问题产生的退货，销售人员应先为客户提供建议及备选解决方案，得到客户认可后再对相关细节进行协商，最后选择双方都能接受的方案执行，避免客户产生过大的心理落差。

销售人员在为客户处理退货时，可以根据以下几个步骤进行。

（1）缓和气氛。先请客户坐下并为客户斟茶倒水，待现场的尴尬气氛缓解后，再进行下一步的商讨。

（2）服务转移。按照客户提供的信息，由专门的人员继续跟进。

（3）给出建议。按照客户要求及公司要求，设计一个双方都认可的解决方案。

（4）尽快处理。尽早落实该方案，询问客户是否满意此处理结果。

一流金口才1

销售人员："您好，不着急，请您慢慢说，是发生了什么问题导致您想退货呢？"

客户："昨天回去后我想试用一下看看效果，拆开包装后发现好像变质了，应该是出现了质量问题。"

销售人员："出现这样的情况，我们感到非常的抱歉！请您放心，如果确实是因为商品质量的问题，我们会为您安排退货的，您先到休息区小坐一会儿，我这边马上为您处理。"

客户："谢谢！我待会儿还有点事情要去办，麻烦您稍微快些，可以吗？"

销售人员："好的，我们的工作人员这就为您处理。经过我们的核实，是门店的销售员错将陈列品出售给您了，经检查发现陈列品变质的原因比较特殊，是由于长期被高强度的射灯照射引起的，这是我们工作上的严重失职，对此我们深表歉意，希望能得到您的谅解！我们有一个小小的建议，帮您更换一盒全新的同款产品，另外我们还会额外送给您一套保湿套装，作为工作失误对您的补偿，毕竟您在我们门店也花了很多心思和时间选购，放弃了岂不是非常可惜？您觉得呢？"

▐▌▌▌ 攻心策略

销售人员先向客户道歉，确认问题出在店铺后，建议客户换货，并赠送对方一些礼品。

▐ 一流金口才 2

销售人员："您好，这套彩妆是您新购入的，是有什么地方让您不满意要退货呢？"

客户："我觉得价格有些偏贵了，您看能不能安排帮我退货？"

销售人员："好的，我明白了，问题出自价格上，而非质量上。根据我们公司规定，非质量问题，原则上是不允许退货的。毕竟作为国际品牌，它的价格不低。加上咱们选购化妆品的重点是看效果，而非价格。再贵的产品，都是投资到自己身上，没有浪费一分一毫。就拿我一个老客户来说，她每次到店里只选最好的牌子，她说得最多的话是'女人啊，必须好好爱自己'。给自己买的化妆品贵一点又怎样，不都是花在自己身上吗？您得相信自己的选择！这样吧，我免费为您化妆，相信您看了效果，就会知道什么是'值得'了。什么时候您方便的话，可以带产品来店里，我免费为您化妆，如何？"

攻心策略

　　销售人员先向客户说明立场，除非产品有质量问题，否则一概不退；接着向客户再次强调产品价值，以现实例子增加客户继续使用的信心，并以"免费化妆"的服务使客户打消退货的念头。